茶桌異聞

從送肉粽到紅眠床
34則鹿港怪談紀實

殺豬的牛二／著

推薦序

離開熱鬧繁華的城市生活，牛二重返這個伴隨他童年成長的鹿港小鎮，探索當地鮮為人知的民情事故，緬懷其家鄉歷史的餘暉，一幕幕映照在心頭——筆出《茶桌異聞》一書。

作家牛二，經營茶行，書中由茶桌閒聊帶至他人經歷，從文獻的研究調查乃至當地走訪，於鹿港長輩們的交談中，道出一則則口耳相傳的軼事。

一開始翻閱《茶桌異聞》，本以為它是一部「鬼故事」，但閱讀後發現，這其實是一部小鎮的回憶錄，讓人好奇地想一探究竟。筆者透過抒寫老鹿港的軼聞故事，將夜幕低垂後流傳著古老氣息的鄉間傳說、古老記憶流傳下去。

此書中描繪出鹿港的過往風華民情、時代的記憶，讀者透過此書能更瞭解鹿港歷史古蹟、風土民情，並隨著沏茶的雲煙，喫出書中耐人尋味的驚奇，至於文中之異聞則莫過於較真。

初識牛二緣起鹿港青創，今欣見文青返鄉，為在地注入活水，特綴數語，以為之序。

張雀芬

（現為彰化縣文化局局長）

推薦序

華人世界裡每位眾生基本上都認知普羅大眾所生活的領域空間稱陽間，生命結束後有兩個去向一是上天堂往聖域，所謂的升天，反之是入陰間進入幽靈冥世界重新輪迴。天界太遙遠一般大眾無法去理解祂們的起居過程，而陰間的暗無天日，陽間的普羅眾生亦無法以一般眼力將之透視，僅由極少數具有法眼的先知高人傳達一點訊息流傳於世間。幾千年的歷史洪流，華人生活領域就自然流傳許多凡人無法理解的靈異故事，恐怖又有魅力，又愛又怕真是無法理解!?

明代吳承恩的大作古典小說《西遊記》其中一回「李世民遊地府．劉全進瓜果」；明末清初蒲松齡《聊齋誌異》更是一部風靡寰宇連外國也有翻譯版，喜歡靈異故事的閱讀看官無人不曉，原著以文言文書寫，一般現代人偶爾會囫圇吞棗，不易消化，有些精髓尚難意會需賴白話文版。一九六〇至一九八〇年代廣播業正興，每星期一至五晚上十一點就有很多無膽又愛聽「恐怖哦，恐怖到了極點」司馬中原的廣播節目，老先生的聲調誇大了故事，半夜裡的鬼故事真是又愛聽又害怕，當年說靈異故事的名嘴無人能出其右。

時序更替人才輩出，流行風潮也與時俱進，聊齋的文言文深奧，廣播靠一張嘴，近代則靠網路，時代更替，文化輸出各顯神通。

近來網路瘋傳茶桌異聞的短篇靈異故事，獲得許多粉絲按讚追蹤，我亦不例外喜歡這般短文故事。拜讀瑞鴻君的大作，感受到與人所呈現的方式似有異趣，其故事情節都來自國家歷史風景區——鹿港文化古都幾百年來累積流傳的靈異故事，時間長久事件自然就寫不完，再者故事內容絕非憑空杜撰，最有趣的是每則故事盡頭都尚留一層白紗，誘使讀者訪古尋幽，前來鹿港揭開層紗而得心曠神怡，這應該稱作者高明之處。

《茶桌異聞》近日書輯成冊即將問世，個人覺得好書不能寂寞，特推薦給愛書同好。

施鎮洋

（國家指定重要傳統工藝傳統木雕保存者）

作者序

《拆金樓》

舊港無船走，新宮有客流。

人爭金建地，誰整古磚樓？

從二〇一八年那年起，我辭了工作，離開了台北，回到了故鄉鹿港，是回到家鄉後才發現，隨著鹿港的觀光興盛，地價逐漸高漲，一些兒時看習慣的老宅拆了新蓋，開著高價掛著售，一個古鎮的街景逐漸不同，雖然繁華熱鬧，卻是一些記憶也隨著漸漸消失。

那種唏嘘無奈，只在老人們的茶席上偶爾感嘆。

我寫開頭一首《拆金樓》，自覺無比貼切。

記得當初是在一個閒暇午後，泡著茶，我想了想，與其只寫首詩感嘆，那不如我可以趁著那些老一輩人都還記得時，把那些記憶與故事打聽出來，然後提筆寫下，寫下些有趣的故事，讓大家一起記得鹿港。

我揀選了些有趣的，涉及靈異的題材，在PTT-MARVEL板開啟了連載，試著想借MARVEL板的高人氣，來喚起大家對老宅的關注，於是便有了《茶桌異聞》。

在連載的過程中，我也持續不斷地去收集新的故事，從那些老鹿港人口中打聽了許多，去翻鎮誌史料也查到了一些有趣的事，而這些故事中，有些是當年鹿港的族群問題、有些是朋友本身的事、有些是家族的紛爭，有的故事誇張到令人不可思議、令人驚訝。

隨著故事篇篇的過去，我穿插了一些鹿港的民俗文化、一些過去的景象、一些時代的記憶，雖然那不是我的時代，但我也努力的把老一輩口中的風景透過文字記錄下來，希望茶友看完可以多認識鹿港一點，如果會想來鹿港走走逛逛，關心一下鹿港的這些古蹟，那我初衷就算達到了。

寂寞的牛三

Contents

推薦序 002
作者序 006

壹・古蹟

一家冤死 012
魔神仔 017
消失的亂葬崗 023
聚陰宅 028
頑皮鬼 034
跟路仔 039
鏡中影 045
推磨人 051
寢不語 058
三合院 064
亞洲戲院 069
自井來 075

貳・古物

精巧皮盒 084
藥材商 088
活墓 092
紅眠床 102
牙筷 106
添壽 115
香珠 120

參・舊事

赤嘴 128
魚精推堤 133
危水 137
下人房 143
肉粽 149

籃仔姑 154
無燈矮屋 159
四色牌桌 164
鹽埕 168
犬子 175
老藥局 182
死人醋 188
長髮 193
西濱 200
池塘 206

壹・古蹟

一家冤死

老房子總是故事多，無處不充滿歲月的浸蝕，也到處都有奇怪且難以解釋的現象。

我從小在鹿港長大，就住在被政府列為古蹟的老房子裡。

古蹟不能擅動土木，要動也得原樣修復，就連加裝防盜設施，公所的人都得上門問個兩句。

因為種種的限制，所以我從小家裡看起來就是有些斑駁破落。

在我還小時並沒有流行老屋咖啡、老屋啤酒或簡餐這些，也沒有什麼人在做老屋再造，保存的概念甚至也不強，一些屋主一有機會就想把磚石木造的老屋拆掉重建，蓋成水泥鋼筋的洋房。看到破敗的老屋，有些人甚至有點嫌惡，嫌它又髒、又亂、又臭、又潮溼，整理起來又麻煩，總是沒有新房子來得好，舊屋畢竟敵不過新屋又大又乾淨又堅固。

記得小時候同學來家裡玩，跟我說：「你好可憐喔，你家怎麼破破爛爛的？」

而我卻只能答出一句：「這是古蹟……」

雖然那個時代對老屋並不友善，但在老屋裡喝茶是無比愜意的一件事還是跟現在一樣的。

那時家父就好茶，除了尋常生意外，還設了個半開放的茶空間，一張四腳八仙桌，一塊原木茶盤，一台瓦斯爐，一只鐵茶壺，就在我家那破破的老屋裡開了個茶席，設備簡單但卻實用，每一天都有不同的人來泡茶。

茶友相互介紹，人來人往，社會上各層人士都曾出現在茶桌上，跟父親談天說地，茶桌上的透明軟墊下塞入的名片幾乎是排滿了整張桌子，甚至貼滿整面牆，還每隔數日就得清整一次，堪稱門庭若市。

而我從小就在那樣熱鬧的環境中長大。

記得那時我還在讀國小，某天下午，父親的茶桌上出現了一個外地來的胖叔叔。

他穿著襯衫西裝褲，初進門時父親還以為他是個什麼業務，畢竟在鹿港的街上除了業務也沒誰會穿西裝襯衫了。但他一進門就朝我家茶桌一旁壁龕上那供奉的土地公拜了拜，並接著誇讚我家的土地公很大尊，靈氣很強，搞得現場眾人一頭霧水，還好他接著就很正常的坐下討了一杯茶，開始分享茶經，說哪裡可以蹭茶。

聊得還算歡快，知道他喜歡到處蹭茶，父親也分享了一個資訊給他，是有關鹿港這區一個茶相關的協會。

那胖叔叔聽了後很開心，過了幾盞茶，瞎談了好一會兒後，就起身道謝道別，說要尋那地址再過去蹭一杯茶。

那胖叔叔出門後，父親說：「伊嘛是一个長尻川啊。」（他也是個喜歡到處坐的人啊！）

那時我不懂什麼是「長尻川」，後來問了才知道是指那種會到處坐，找人聊天，一坐就不知春夏秋冬、天亮天黑的人。

那胖叔叔要尋去的那個協會我也是去過的，是在一間被列為古蹟的老宅內，是個只有一進，但卻有前院與後院的長型屋宅，而那前門進入的小花園整理得乾淨典雅，搭上那老屋合成一景，用古色古香來形容，也挑不出一點毛病。

在那樣的老宅內喝茶，自是也無比愜意，但胖叔叔卻沒有感到一點愜意。

也就胖叔叔走出我家門後，約莫三十分鐘左右，他就臉色慘白、渾身冒汗的跑回我家拜土地公，那表現突兀，惹得我們都是一頭霧水。

「汝是發生啥物代誌？」（你是發生什麼事情？）父親倒了杯涼水，請他坐下潤潤。

「夭壽，彼規家伙仔……攏……攏冤枉死的……」（夭壽，那全家……都……都冤枉死的……）

胖叔叔接過那杯涼水，呆滯的坐下。

父親驚問道：「汝看得到？」（你看得到？）

胖叔叔緩了緩，才開口說道：「遐茶才斟好，攏猶未喝，阮就看到，五个，有老有囡仔，按怎啉會落去，阮趕緊曝腳溜。」（那茶才剛斟好，都還沒喝，我就看到，五個，有老人有小孩，怎麼喝得下去，我就趕快跑了。）

父親閉口不再言，其他在場的鹿港人也不敢多問多說。待他喝完那杯涼水，緩過了一口氣，可能也是沒有繼續蹭茶的心情了，只想回家，他便起身朝我家土地公拜了拜，便說了句「阮先來去矣。」（我先走了。）就離開了，留下現場一片安靜。

一會兒後，同在茶席上喝茶的一個老鹿港人才說：「這箍真正看會著。」（這傢伙真的看得到。）

現場眾人盡皆神色不善。

我事後追問是發生了什麼事，為何大家好像都知道似的。父親才說，在他還小時，現在那協會的屋子原本是住了一家人，某天晚上也不知是什麼原因，著了火，木造房子燒起來一下就旺了，根本來不及救，一家子五口都沒逃出來。

後來政府重修古蹟後，協會才進駐，那個胖叔叔應該是看到了那家子人。

協會應該也是知道這件事，每每都在日落前關門離開，從未有人貪杯在天黑後仍留在那裡。

那是一九九〇年代末，觀光才正要開始盛行的鹿港。

從那個胖叔叔的事之後，我才漸漸意識到，鹿港老房子多，故事多，奇怪的東西也多，而那只是鹿港的其中一間問題屋而已……。

魔神仔

記得那一天，大學剛放暑假，一早收拾完行囊，便從台北返家，舟車到家都傍晚了。

進家門時正遇到附近一間商家的老闆，在茶桌上與家父閒聊。

他賣麵茶，我都叫他麵茶阿伯，在鹿港賣麵茶的人有幾個，他是其中一個。麵茶是那麵粉下去細火慢炒，加糖、油蔥或杏仁調味，炒好後加熱水和成黏糊狀吃的一種傳統小點心，老少咸宜。有的店家品項多點還賣蓮藕粉或太白粉，同樣加熱水、糖水和成糊狀吃，夏天時還做成刨冰，雪白的刨冰撒上麵茶粉，或以麵茶粉同冰塊打成冰沙，也別有一番風味。

麵茶阿伯是茶桌上的罕客，也不只是他，附近商家的人都算是茶桌上的罕客，大家平常時都忙於生意，怎有空閒來飲一杯茶？

細聽一下，原來麵茶阿伯是想問屋子的事。

麵茶阿伯承租的店面，位於「埔頭街」上，後臨「後車巷」。

是間兩進的紅磚木頂老宅，門寬廳深，相當適合當店面，但後一進已失修，除前廳做店面外，只剩中庭一口井與廁所仍在用。

前廳通中庭有左右兩門，但右門早已用磚封死。右門未封死前，有一廊道接往後廳，雨天要穿過中庭可以不用淋雨，炎夏時亦可遮陽，好一個遮陽避雨的設計；而左門開門則直接接中庭。兩門雙開，通風換氣，一屋子百年沒有悶過一口氣。

那麵茶阿伯道出來意，他說道：「阮這陣仔想欲整理後廳來蹛，汝甘知彼个門是按怎欲疊起來？聽厝邊講汝古早曾蹛過遐？汝甘知影啥物代誌？」（我這陣子想要整理後廳來住，你知道那個門為什麼要封起來嗎？聽鄰居說你以前曾經住過那裡，你知道什麼事情嗎？）

父親想了想，說道：「遮……哪會疊起來阮毋知，但是阮勸汝抑是莫考慮蹛遐好，遐後面無清氣。」（這……怎會封起來我不知道，但是我勸你還是別考慮住那裡好，那後面不乾淨。）

那麵茶老伯沉默許久，大概已是先打聽到了什麼，來問父親這一句也是求個證而已。

聽父親這樣說，他大概是心裡有個底了，也沒再多問多說便轉身離去。

沒多久後他就退租，另尋他處發展。我事後追問父親那宅子出過什麼事？為什麼父親說得這般含蓄神祕？

父親本不願意提起，但拗不過我，才說與我聽。

原來在父親還小的時候，跟我的爺爺、奶奶、伯父、姑姑等一家子七口住過那宅子一陣子。

那時那間宅子的後廳還沒有破敗，尚能住人，七口子都住在那裡。但住的那幾年全家身體都不好，尤其是父親的二哥，身體特別虛弱，總在夜裡發燒。氣運倒是沒什麼特別的感覺，畢竟搬入時就已家道中落，過著負債的日子。

某天半夜，那時還未上國小的父親口渴起床喝水。

夜色昏暗，但父親在中庭看到了什麼，就只憑廁所那一盞小小的昏黃燈泡映出的光，父親還是看了個清楚。他看到一個當真頭大如斗、面容醜陋的矮小老頭，那身高也許只及成人的腰，手掌腳掌卻不成比例的大，而他身穿著一件灰色破敗的漢服，在井邊跟灶上來回的跳來跳去，像忙著什麼，又像在嬉戲著，還自顧詭異的笑著。

那時還是孩子的父親也不知道怕，只覺得驚奇，便跑去挖了姊姊跟哥哥起床來看，本都還睡眼惺忪的兩人，無不讓這畫面給醒了精神。三個孩子都瞧見了，瞧見那古怪的矮小老頭在那邊跳來跳去。

那古怪矮小老頭跳著跳著，步伐漸慢，見有人在看，怪叫一聲就憑空消失。

隔天孩子們跟大人說了這件事，一個人看見可能是看錯了，三個人都看見就不會是看錯了。

但大人會信也不全是因為孩子們的說詞，原來不止家裡的幾個孩子有看到那無法解釋的東西，那時的奶奶夜裡也發現有異常。

當時奶奶夜晚睡覺常被黑影壓床，壓得喘不過氣來。又聽孩子們講述所見，她便去附近的南靖宮關帝爺廟擲筊問搬家，當時一連出了七個聖筊要一家搬走，奶奶這才急著操辦搬家事宜。

只是那時家境困苦，搬家又談何容易，奶奶又再求保佑順利找到良屋，問籤得示一路向北。

說也奇巧，奶奶一路向北走去，來到當時鹿港古地名北頭一區，剛走到覺得累，便見路旁一間空屋內有一位婦人在灑掃，奶奶便問那婦人是否是屋主，又屋子有無要出租？

那婦人一聽大喜，原來她住隔壁，這屋子的屋主常年在國外，託她偶爾進來照看一下，若有人要租便幫他租出去，不是要賺錢，只是想有人照看屋子，怕久了沒人住屋子壞了。

就這樣找到了屋子，奶奶以一個月二〇〇元的價格租下，一家人搬入居住，之後一家人身體漸好，孩子們再無夜裡發燒，大人也再無鬼壓床之事。

我覺得這事情很玄，詢問了眾親戚，也回老家去問了奶奶，他們都說確有此事，不是我父親誆我。

還說了那間房子確實不乾淨，後來住的人都離奇出事。

先是繼父親一家子搬走後，住進了一個做肉乾、肉鬆的男子，住沒多久，不過數月功夫，他就被發現在中庭走廊離奇跌倒摔死。

後是屋主兒子自己搬進去住，他二、三十歲，本該是大好青年，住沒多久人卻逐漸怪異。鄰人說他發瘋，時常脫得剩下內衣褲，在門口見人就潑水大罵，無人時也灑著水玩，總把自己弄得一身溼，也不覺溼冷，有時還自言自語有說有笑，卻無人聽得懂他說些什麼。後來狀況日漸嚴重，竟會傷人、自殘，鄰里通知他家人，這才被接到國外去療養。

聽聞這件事之後，在某天茶桌上來了位地方耆老級的茶友，老伯年紀雖大卻仍耳聰目明，會唱四句聯，常把地方大小事編唱出來，所知甚多。

茶席上大家就談著些地方軼事，老伯所知甚多，都能道出一二，父親突然問起那屋子的事，老伯竟然也知道。

他說他曾聽聞那間屋子在日治時期原址是個私刑所，曾用來關審犯人，是後來才被改建。

那裡怨氣極重，我爸看到的大概就是老一輩稱做「魔神仔」的東西。

我唐突的問了：「老街是猶有偌濟厝有問題？」（老街是還有多少房子有問題？）

老伯看著我笑了笑，說道：「真濟啦，講袂了，親像斜對面遐間，前後就吊四个了，送攏送袂了。」（很多啦，講不完，像斜對面那間，前後就上吊四個了，送都送不完。）惹得眾人一陣涼。

老屋子多，老故事就多。老東西多了，作怪的就多了。

為什麼有人修老屋要掀頂日曬，一曬三年？

為什麼有的商家，往往日落就收店，片刻不敢留？

茶友們，想過嗎？

消失的亂葬崗

鹿港地區的觀光，這些年一直都是排行榜上前幾名的。撞上假日，天后宮或老街內，那人是一個貼一個的走，步伐也是緊黏著前一人，一步接一步的去。人潮的流動極為緩慢，說擠沙丁魚，也就差不多這樣而已。

但過去的鹿港觀光其實並不那麼盛行，要說鹿港的改變有什麼里程碑，我想應該是從老鎮長整理了那塊地開始吧。

而至今鹿港人談起這位老鎮長，無不感念的。他是鮮少沒有罵名的政治人物，如果是在清朝，他大概可以收個萬民傘，無奈最後病死，英年早逝。

那時我還是國小，距離鹿港老街不遠處，有一個相當大規模的墳區，當時在晚上經過，偶爾還可以零星看見飄飄悠悠，那俗稱鬼火的自然現象。

這個墳區的歷史由來已久，約在清乾隆四十餘年，由當時的鹿港士紳與郊戶組成的慈善團體「敬義園」所設立。「敬義園」施棺木、拾字紙、收遺骸、置義塚。

這說的義塚，便是這個大型墳區了，主收無主屍骨，其內還有三座金字塔型建築稱之「煙墩」，分別為萬善同歸、男善同歸、女善同歸。

數百年來埋無主屍，粗估有近十萬餘，並於昭和十一年（一九三六年）義濟會勒碑紀念。

這個墳區鹿港人稱「崙仔頂塚」、「舊塚」，有些人則直稱亂葬崗。這塚離鹿港市中心實在太近，也就隔著一條街而已，鹿港想發展，誰都知道一定得要搬遷清除，但這種要驚擾死人的事情又哪個人敢去動？

說了許多年都無人願做，那時就一位勇敢的鎮長做了。

但開挖下去才知道事情比所想的還要艱難，可以說是掘地十尺仍不淨。這個古塚歷經無數代，不止是廣，竟然還深，那些墓竟是一層一層的疊上去的，不是獨棟、不是透天，儼然已成一區超大型的集合式陰宅公寓。

隨著開挖進行，一時白骨成山，據說當時理出的無主屍骨超過八萬具，數量之巨，竟是誰也沒料想到有這般規模。

那時我一個同學的母親在衛生所上班，我同學沒有上課時常會待在那裡，而衛生所就正對著那墓區。

記得當時一周總有那麼幾天下午是不用上課的，那種時候我偶爾中午吃完飯就會去找我的那位同學。而去找他的路上必定會經過那個墓區，也親眼見識了墳區整理時的那白骨山。

施工時整理出的一袋袋的森森白骨，就那樣堆放路旁，再由卡車一車車運走。

見到那畫面，對當時年幼的我而言是一大衝擊。

大多數的人一生都不曾見過這種場面，更何況是當時年幼的我？

施工了好一段時間，傳聞那過程災厄不斷，什麼機具好好的突然不動了、工人突然就病了、見到有黑影阻路等等，一時謠言四起，瘋傳鹿港，甚至有些居民開始抗議，覺得本就不該驚擾先人，而如今這般大規模的驚擾先人，定會發生不好的事。

該來的、不該來的全來了，那個壓力可以說是無法想像的龐大，但老鎮長仍力排眾議硬著頭皮做下去。

但最後讓他停工的也不是那些壓力，竟然是因為「清不完」。

那些深埋的屍骨太多，也太深，一眾工人身心俱疲，只好告一個階段，便草草填土大祭收工。

後來該地的一部分建成了公園與運動場，完工三年，罕見有人上去跑一圈。一部分建成了森林公園與飯店，茶桌上見聞的軼事就是從這開始。

那次父親的茶桌上的，除了幾個常出現的老鹿港人外，有一位在台北開了間公司的老闆，他帶了一個外國人來鹿港玩。這也不怎麼奇怪，畢竟父親這張茶桌，往來的人多，帶朋友來坐坐的更是不少。他們住了幾天，走走逛逛，看看古蹟、吃吃小吃，順道來泡茶坐坐。

那時的我大概國中，我也不會分外國人是哪國人，只知道那個外國人看起來矮矮胖胖，一臉大鬍子，皮膚很白，鼻子有些紅，笑起來瞇得眼睛都不見了，像極了聖誕老人。

外國人總對這些中式的古老建築、文化深深著迷，也不知他是特別喜歡，還是因為工作上的需求，那個外國人竟然會說中文，而且還說得不錯。

他說他叫做保羅，在台灣工作已經好多年，但這還是第一次來鹿港，很喜歡鹿港的這些古蹟。大家有說有笑，也配合著那個外國人沒講半句台語，那對話一直順利，一桌人又茶又花生，嘻嘻哈哈，東扯西扯。

保羅很客氣，一直誇讚鹿港這邊古色古香很漂亮、人情味濃、服務周到、東西又好吃。

古色古香這點大家能了解，人情味濃這大家也能清楚，東西好吃這點更是能明白，但服務周到就不懂了。

現場有人就問了，是怎麼個服務周到法？

但事情的發生，往往就是從多問的那一句開始。

像聖誕老人的保羅聽了這個問題，笑笑地說道：「服務周到，飯店的客房服務超級好。半夜我都睡著了還來掃廁所，沖好幾次馬桶，還測試吹風機有沒有壞掉。服務生在房間裡忙了好久，但我昨天實在太累了，沒有爬起床跟服務生說聲謝謝。」

一桌子的人，本來笑著的臉都僵了。

除了保羅跟那外地來的老闆，老鹿港人誰都知道發生了什麼事。

大家也是有默契，這話題誰都沒討論下去，誰也沒有點明，而父親也忙著把話題岔開，反正他們今天就要回台北，實在用不著說出來嚇人。

送走了保羅，其餘在場的鹿港人紛紛對視，尷尬的笑了。

那些事，鹿港人知道，外地人卻是不知。

那是我第一次聽聞那飯店的怪事，卻不是最後一次……。

畢竟那底下至今可能還有著無數的無主屍骨。

聚陰宅

鹿港地區的街道、庄頭、地區命名過去一直都是非常直白的，甚至直白到令人覺得有些許的不雅。

一些街道地區名直接看名字就能知道當時是在幹嘛的，功能性非常強。雖然歷經無數年，許多街道有合併與改名，但部分仍沿用至今。

例如整條街都賣米的就叫「米市街」，後改作美市街；不想把褲子弄溼，要去得脫褲子過河叫「脫褲庄」；整條街都賣杉木的叫「杉行街」；一條街有數間賣棺材的叫「板店街」；還有很有名的「摸乳巷」等等。

其實早在當初老街劃建時就已有人車分道、行人徒步區的觀念了，今「瑤林街」、「埔頭街」就是當初的人行道。

與之平行的「後車巷」就是當初規劃來收「中山路、瑤林街、埔頭街」的水肥，是一條專供水肥車與農戶來收水肥時通行的道路，這便是典型的人車分道。

這裡在鹿港有一句老話叫「鹿港人尚敢死，放屎換秫米」。（鹿港人最敢死，拉屎換糯米。）說的是農人不定期來鹿港清理收取水肥做肥料，逢年過節還要回送鹿港人自家種的糯米做禮。

而在這「後車巷」中有幾處宅子都有些古怪，其中一間最為明顯，那間宅子只有一進，面朝後車巷，在我國小時是一間廟壇。

那廟壇相當怪異，從裡到外插滿了各種大小旗子。

壇主骨瘦如柴，總是打著赤膊，身上塗寫些赤紅的符字。除了他常出入外，也沒見過其他信眾，更沒見過他有其他友人出入。那人怪異，又不與人來往，廟壇常至深夜還起著法事，遠遠就能聽聞那壇主像念著咒似的吆喝，附近的人也都充滿疑惑跟恐懼，誰也不敢搭問。

一天，那廟壇突然消失，沒見事由、不聞風聲，廟壇、旗子一夜間清得一乾二淨，什麼也沒留下，就像不曾存在一樣。

某天在茶桌上，席上坐的是一位鹿港當地的地理仙，平常相多了陰陽宅風水，他也總說些令人理不清也聽不懂，雲裡霧裡的話。

大家談起了附近的人事物，便說到了那處宅子最近好像有意翻修，不知是要租還是要賣？

那地理仙一聽臉色稍變，就說了起來：「彼間厝，前一陣仔有請阮去看。」（那間房子，前一陣子有請我去看。）

父親問道：「遮爾拄好？阿這个厝主是有欲賣嗎？」（這麼剛好？這屋主有要賣嗎？）

地理仙搖搖頭：「遮阮就毋知，遐樓板、厝簷攏澳去了，剩壁爾爾，但是，彼間厝尚大的問題毋是遮的，古早怕是有服侍陰廟邪壇，當初又請無清氣……」（這我就不知道了，那樓板、屋頂都爛掉了，剩牆壁而已，但是這間屋子最大的問題不是這，早期怕是有供奉陰廟邪壇，當初又沒請乾淨……）

那地理仙搖搖頭便又開始說下去。

接著就是雲裡霧裡，東南西北、天地你我，我是怎樣也聽不明白更記不清楚了。只是大約知道他說這宅子陰氣重，本身夾在窄巷大屋旁，難曬到陽光，又正對著一間中山路宅子的廁所，排穢之所在，於陰宅陽宅都是大凶。

又當初留下了不好的東西，聚陰難解，實在不宜住人，輕則敗運，重則損丁，要解，也許拆屋曬地能解。

事後聽聞的消息也正如那地理仙所說，屋主投資失利，兒子出了事，這才動了賣宅子的想法。

屋子整修時我去看了現場，才明白那地理仙說的曬不到太陽是怎麼回事。

施工時雖然把整個兩層樓屋子的屋頂與樓板都拆掉了，想曬曬太陽，破破晦氣，只留牆壁，但屋寬不夠，深也不夠。

太陽都被四周的建築擋住了，裡面竟然大多曬不到太陽，屋內陰涼至極，怕是夏天也不用開冷氣了。

聽說這屋子新的主人之後要開來做生意，也許人潮多陽氣旺了能解解。

而與這間相臨的另一間大宅，也是地方上小有名氣的「無清氣」（不乾淨）。

我小時候曾與鄰里的孩子們抱著探險的心態進去過一次，那時裡面就是個廢墟，廢木、破敗的家具、垃圾等堆了一堆，有個垃圾山般的庭院。屋內也差不了多少，同樣堆了無數雜物、垃圾，而且除了大門外，其他的窗戶都封得死死，屋內是昏暗陰涼。

這間老宅的寬度是尋常宅子的兩倍寬，自留了個小庭院，在古時已算大宅。

應該是當初建時考量了風水或什麼其他原因，沒正對後車巷，但這宅子卻也沒接到「瑤林街」，再往前是另一戶了，它的出入口只能開在側邊的巷子。

在地理仙說來，就是格局雖方正，卻走不了正氣，氣難入難出，久必囤陰，說不上大凶，只是維護麻煩，數十年必要拆瓦曬日。

而此宅鄰里是有謠傳故事的，謠言版本眾多。其一是說相傳此屋古時有個讀書人，因不得志，鬱鬱而終，於夜半時不時能聽見嘆氣聲，偶爾還能聽見那讀書人吟詩。

再一版本是古時曾有一女於此宅上吊，之後不時有鄰人在夜裡聽見宅內有女子念情詩，在思念情郎。

而這間大宅子荒廢數十年，近期也讓一個外地人買了去。

他確實掀頂曬日，還門戶大開了好一陣子，日夜點燈，讓它燈火通明。

一系列動作應是有人指點，還因為太過招搖而遭了賊，損失不少老物件。

屋子初整理好時我進去看過，那些堆積的廢棄物、雜物都消失了，屋子煥然一新，裡面整理得相當舒適，進門也不再感到陰涼。

那新屋主也是個愛老宅之人，整理得相當用心。

修整了庭院的樹木草皮，重買了屋內擺設，還擺放了我一直很懼怕的「紅眠床」，整體弄得古色古香，還擺了張茶桌，環境典雅清幽，相當適合在這飲茶。

只是好景不常，也才整修不足半年，便聽聞那屋主病了，回老家養病去，那宅子再次深鎖。

時而又有鄰里聽聞夜裡的男女吟詩聲。

頑皮鬼

老屋多，怪事多，綁粽鋸梁，送海走。

談論鹿港異聞，大多數人直接想到的就是送肉粽了。因為這風俗特別，古老而神祕，自然被放大檢視了不少，相關報導與故事不少。但其實這對鹿港人來說，就只是偶爾發生在身邊的事情，雖然有些忌諱，遇時知避，但也不會特別覺得可怕。

對鹿港人來說送肉粽的儀式，真的沒有什麼，畢竟是見多了，反倒是些其他說不清道不明的，才令人打從心底恐懼。

如果真要給怪屋排個名，在我記憶裡，會出肉粽的屋子也只排第三。

還記得先前提過的，有古怪矮小老頭的怪屋嗎？那間便是我心中的第一，也許是因為親人親眼見過，所以讓我更加的敬畏害怕吧。

那麼第二呢？

大約從高中的時候起，我便開始固定去一間家庭理髮廳給一位阿姨剪頭髮。

那位阿姨經營的那間家庭理髮生意相當不錯，手藝好，收費便宜，客群年齡層也廣。小至幼童理髮、中至學生各種怪頭、大至長輩電頭毛，常常整天都是沒有空閒的一個一個排下去剪，連吃個飯也不得閒，那來客量是其他同業望塵莫及的。

而她這門手藝是她母親傳下來，她又再去進修的，聽聞她母親年輕時在鹿港也是當時極出名的理髮師。

雖然這位老理髮師已退休，但閒暇時仍會在女兒的店裡幫忙顧孩子。有次我正在等待剪頭髮時，便與這位退休的老理髮師閒聊。聊到當年她在理髮廳時，她談起了一件事，一件令她決定搬離以前老店的怪事。

「往擺阮蹛佇老街時，彼間厝有歹物仔，有鬼，歸工共人創治。」（以前我住在老街時，那間屋子有髒東西，有鬼，整天整人。）那老理髮師邊逗弄著孫子邊說道。

我問道：「有影無？」（真的假的？）

「當然真的，阮啊揑共汝騙？佇咧無閒時伊攏矣直直撥阮的頭毛，按呢撥按呢撥，閣直直笑，到阮共伊姦撟，伊才停。」（當然真的，我還需要騙你嗎？在忙的時候祂會一直撥我的頭髮，這樣撥這樣撥，還一直笑，到我大罵祂髒話祂才停。）老理髮師說著便不斷大力撩撥自己的頭髮示意。

這件事我覺得驚奇，回家與父親在茶桌上閒聊時打聽了一番，又恰巧聽聞另一件事，才知道那間老屋其實沒那麼簡單。

鄰里一直有著傳聞，傳聞那間老屋裡頭鬧了頑皮鬼，在當地竟是有些名聲，許多人都知道。當時那個老理髮師開的理髮廳在老街裡的一間老宅裡，位於埔頭街上，是一處只有一進的老宅。屋子雖小，但格局方正，有個小小後院，但並沒有接到後車巷，再往後又是另一戶。

古時百姓窮，開一口井是何其昂貴，自然不是家家戶戶都能有口自己的井，數十戶集資共開一井也是常見的事情。

一條老街上，能有口自己井的屋子也沒幾間，所以才有善心人，開了口井，牆遮一半，一半自用，一半給街坊用，代表著善行的「半邊井」才因此得名。

而依這間老屋的格局，當初建的定不是什麼富貴人家，斷不可能有井。但後院雖沒有井，卻有座經典油綠的津田式手壓泵浦，大概是民國後整修時才安上的。

有這手壓泵浦洗衣煮飯都方便，那時的老理髮師一家都住這，有水有空地，環境算舒適，生活倒也方便。

但這屋子鬧頑皮鬼，竟是鄰里皆知，理髮師一家最後不堪其擾被迫搬走。

而在那之後又搬進一家子三口，到他們出了事，大家才知道嚴重。

事情是發生在那家子搬進不久。

一天下午，男人出去工作，剩婦人與三歲快四歲的孩子在家，母子兩人正在屋內吃瓜子，突然孩子的表情就不對勁，痛苦的掙扎著。

婦人叫喚了幾聲沒反應，便哭著大呼小叫的呼救起來。

老街屋幾個好處之一就是平常門都會開著，鄰居極其方便串門，一個剛好在隔壁串門的男子聽見呼救就衝進門來。

見那孩子似是咽著，便嘴掏背拍的想救他，才要轉過去拍孩子的背，就見一個奇怪的異象。

那孩子的後腦勺頭髮有個手印深陷，彷彿才剛被人大力拍了一下。這時空中突然傳來「嘿嘿嘿嘿」得意的笑聲，男子一怔，卻也顧不得那麼多，拚命的想搶救那孩子。

到救護車來時，噎著孩子的瓜子已經拿出，但孩子卻已癱軟在男子手上一動不動了。救護人員把孩子送醫搶救，仍是回天乏術。

那只是一片剝了殼的瓜子，卻要了一個人的命。

事後不久，那夫妻便搬離那老屋。

我聽父親說完後，便去找當時去救人的那位男子聊聊求證。那位男子也住那屋子附近，如今已年約六旬，他也說確有此事，那時他仍年輕，至今想來仍心有餘悸。

那老屋已數十年無人居住，現老屋租與一商，商人似乎也知屋子怪異，不敢在內陳商開店，只敢在門口設攤。

跟路仔

鹿港為觀光重鎮，每年遊客據說有約九百萬人次，更受近年炒房的影響，鹿港房市也熱絡異常，精華地段喊至一坪百萬，但仍是想買的人多，欲售的主少。

加上鹿港歷史悠久，代代相承，一間屋子的持份者破兩百人都是正常的，房仲業者要在這難題上討口飯，也是辛苦至極，而其中還有有問題的屋子存在……。

家父的茶桌上出現的人多了，欲廣結人脈、打探、分享消息的房仲也偶爾出現幾個，其中有一個特別常出現。

那是一個風和日麗的下午，這位房仲朋友一臉青的出現在茶桌上，引起眾人好奇。

父親見他神色不善，倒了杯涼水給他，讓他喝過緩緩。他接過涼水道謝，喝了後才慢慢說道：「頭拄仔𤆬人客看厝，彼間厝予人感覺足無爽快。」（剛才帶客人看房子，那間屋子給人感覺很不舒服。）

父親好奇問道：「佗一間？按怎講？」（哪一間？怎麼講？）

那房仲又停了好一會，氣色漸好，才說道：「彼間厝佇中山路，𤆬人客入去就感覺有物件綴著，走到佗綴到佗的感覺，阮跤尾一直冷。」（那間屋子在中山路，帶客人進去就感覺有東西跟著，是走到哪裡跟到哪裡的感覺，我直感覺到心裡發毛。）

聽他這麼一說，我倒是想起了一些事，便與他詳細對來，報了住址，對了周邊景色，原來那間屋子我也是去過的，我便將那時發生的事與他分享。

那是數年前，我剛從台北回到鹿港的事。那間屋子還沒要賣，只是貼著招租的告示。屋子的地點好，位於天后宮商圈的飲料店一級戰區，應該很多人會想租下來做個生意。那天路過時正好遇到屋主帶一組客人看屋，對老屋感興趣的我在得到屋主同意後也跟著去湊熱鬧。

屋主開了門，就在外面抽著菸。他交代看看可以，但不要碰樓上的東西，就讓人自由進去看了。

那是一間外觀為洋樓型的兩層樓老街屋，這種樣式在鹿港中山路上還算常見，只是那老屋已不知多少年沒有人居住，一樓入門是空蕩蕩的，格局方方正正。

屋子雖有電燈，但不知是沒電，還是電燈已損壞，沒一盞打得開。於是我與其他進屋的四個人各自拿著自己的手機當手電筒照明。

隨著燈光打亮的圓看去，牆已嚴重斑駁，不斷的掉下片片的石灰塊，許多地方已可直接看到內部的磚構。這也不奇怪，鹿港許多老房子都是這樣的情況，只是之後若要使用，需要敲下所有的石灰塗面做一番修整。

天花板的部分是木造，看起來沒有再隔層，直接就是二樓的樓板，一樓整體看來就是一間標準的老屋而已。

特別的是那座連結二樓的藍色樓梯，是木造材質，扶手雕花，從欄杆連至扶手面，雕得連珠化百花，珠花相連，連綿不斷。雖然藍漆已有些剝落，仍掩蓋不了它的別緻，這大概是老宅中較少見的。

我走近樓梯，扶著扶手，那扶手面都包漿了，觸手滑潤，訴說著它的歲月，沒聽過有人收藏老樓梯，不然這老樓梯應該是有相當收藏價值的。

我一腳踩上，樓梯發出了「砰~咦咦咦」的聲音，那是古老木梯發出的聲響，倒也沒什麼特別，只要輕步行走應該也沒什麼問題。我先走上，其他看屋的一伙人也跟著我上來。

樓梯上到二樓，一個轉彎就見到一條走廊，樓板同樣是木造，走的時候也不斷的發出「咦咦」的聲響，眾人也注意著輕手輕腳，生怕把老樓板給踩塌了。

我先在二樓粗略一逛，二樓大致上是兩房一廳的格局，走廊旁邊隔著兩個相鄰的房間，再往前接到門面的地方是一個小廳。

小廳對外的窗戶都用黑塑膠袋或報紙封了起來，只有些微的光透入。

廳內有兩張歐風古式的綠皮鈕扣沙發，旁邊是一張歐風雕飾華麗的木製矮桌，上頭放著一台不知是陶盤還是膠盤的老唱機，那些擺件灰積得很重，看得出來已多年沒人使用。

也許有些東西清走了吧，小廳顯得有些空蕩，但大致上應該還維持著當年還有人生活時的擺設樣貌。

我又去看那兩個房間。兩個房間都有大扇的花玻璃窗，花玻璃窗半透不透，裡面又掛著碎花窗簾，看起來古樸味十足。第一間房間裡堆了各種雜物，一箱一箱裝著，角落有堆著的書與一些瓶瓶罐罐的東西。

值得注意的是房間內連結屋頂的牆，長了棵一臂寬、兩臂長的樹，像氣根的東西沿著牆邊垂下，似漏了水，把那有簡單裝潢、貼了壁紙的牆給汙黑了一大片。樹沿著牆穿了頂，光雖是沒透進來，但結構肯定有受損，這必須趕緊處理，不然久了屋子會受損更嚴重。

隔壁房間更是奇怪，門是用木條釘死的，打不開，我好奇的拿著手機打光，從窗簾縫隙中看看裡頭有什麼東西。

玻璃是花玻璃，所以看得不是很清楚，只能隱約見到一張紅眠床、一座鏡台、一座古早時洗漱的鏡盆跟幾口皮箱，都是些舊時的款式，如果拿去民藝店賣，應該能賣不少錢，但看得模糊，也不知道是否完整。

就在我窺探那房間時，樓梯接連發出了幾下「砰~咦咦咦」的聲音，我想應該是屋主抽完菸上來了吧，我想跟他說一下那棵樹的事，讓屋主快修，免得以後難處理。

我走向樓梯，同行另一人也跟我走過去，他也許也是聽見聲響，想過來跟屋主討論些問題。

但我倆往樓梯一看，樓梯是空的，屋主沒有上來，誰也沒上來，只剩我跟另一人面面相覷。

過了一會兒，沒動靜，另一人提了膽走下樓去，我也跟著下樓去。

見我們下樓，剩下其他人也跟著下來。到了門外，屋主還在抽菸，其中一個大媽跟屋主說了樹的事。

那大媽說道：「二樓的房間壁邊發了一叢樹仔，彼愛處理，汝甘欲看覓？」（二樓的房間牆邊長了一棵樹，那要處理，你要看看嗎？）

「啥？喔……喔喔，好，免啦免啦，阮會處理，免起去看啦，哈……哈。」（什麼？喔……喔喔，好，不用啦不用啦，我會處理，不用上去看啦，哈……哈。）屋主說完，那大媽仍熱心的想帶屋主去看，但屋主又是各種推托，死活不上去。

就在屋主要關門時，我們又聽見了，樓板發出的「咦咦」聲，由近而遠，像是走向樓梯去。

「攏落來阿嗎？」（都下來了嗎？）屋主回頭問我們。

「嗯嗯。」眾人齊點頭。

接著又聽到「砰～咦咦咦」樓梯發出的聲音，這次很急，像是什麼快步跑下樓梯。

屋主似急了，手腳也快，竟是急忙鎖了門並對大家道別，對那聲響充耳不聞，最後還請那組客人考慮看看要不要租。

剛剛發生的事情眾人都聽見了，看著屋主離去，面面相覷。

我也跟著冒了一身冷汗，我想那組客人最後應該是沒租那間吧。

鏡中影

近年掀起了一股老屋再造再利用的風潮，許多塵封荒廢的老屋因此得以重現光明，而其中最容易有完整聚落群的就是日本時期的舊宿舍了。

前面說過的「老房子總是故事多，也無處不充滿歲月的浸蝕，也到處都有奇怪的東西」，如果一棟老房子出了怪事，附近接連都有也不奇怪了。

約民國八十五年前後，臨近於鹿港老街一處區塊，那有整片的樹林。樹林四周有圍籬圍起，或鐵板或水泥板塊參差相連，一圈子只有一處缺口，缺口雖有一車寬，卻因樹蔭遮蔽，相當隱密，僅鄰里數戶知曉。

往內走去，我也不清楚這裡究竟有多少棵樹，也許是沿途榕樹的氣根皆已落下成幹讓我難以估算，只知道樹蔭沿路密蓋，但還是能發現這裡不是單純的樹林，而是有著十數間木屋的日式舊宿舍群，卻已無人居住，荒廢了不知多少年。

路往內有一小寬敞空間，因為樹蔭遮蔽，曬不著太陽，有附近三兩住戶會把車停進來，其中一個是我的舅舅。

跟舅舅來牽車數次，對這個特別的舊宿舍群有很深刻的印象。那個停車的小空地還看得見的，沒有圍起來的木屋有三間，其中一間保存完好，另外兩間似乎有樹竄入，已算半毀。

湊近第一間去看那窗戶，說是窗戶，那窗戶也只剩木框，玻璃早都破沒了。屋內沒有燈，相當昏暗，但因為屋頂部分的破洞，有些光線灑入，還隱約能看見房內的景象。

那是相當小的宿舍，大概是一房一廳而已，我只能從前面看，那個角度能看到的只有客廳跟透過房門瞧見的部分房間，無法看全。

客廳也沒什麼特別，只有一張損壞的木造三人長椅，與一地的木板、瓦片、樹葉及垃圾之類的東西，特別的是房間內，那唯一能看到的東西，相當特別。

陽光剛好照到它的一角，但那個角落仍是相當昏暗，那是一座歐式的褐色木造化妝鏡台，經典的橢圓鏡面，無數華麗雕花沿邊展開，底下是典雅的曲型桌腳，但似乎有一腳瘸了，鏡台是斜著的。

那鏡台非常突兀，儘管它斜在黑暗的角落，仍舊吸引了我的目光，也許在日式建築裡出現一座歐式鏡台這件事，本身就是突兀的吧。

我又盯了許久，盯著入神，直到我舅舅叫喚了我一聲「走了。」

就在我要回頭時，那鏡台動了，我一驚，又盯著看。

不，它沒動，是我看錯了？

隔天，我在學校將這鏡子動了的事告訴我幾個較要好的同學。

原來在學生流傳間，那區竟是校園怪談之一。鬧鬼的樹林，而我住附近卻不知道……。

五六人就這樣決定去探險了。

當天放學後我便帶他們來到那樹林前，我們沿著那一車寬的小道走進去，就在那間宿舍前，指給他們看那面鏡子，一群人擠在窗外看了半天，沒瞧出什麼來，我與幾個人覺得無聊便去看其他兩間屋子了。

另一間屋子格局與第一間差不多相同，房間門是關著的看不到，但廳上屋頂破得厲害，一些樹的氣根都竄進來，甚至已落地，幾乎快成樹屋。屋內除了樹葉、屋瓦外，整體而言廳內是空蕩蕩的，吸引目光的只有角落一片頗大片的破成三角形的鏡子。

「欸呦！」身旁其中一個同學突然叫道。

我正專注地看著，突然的叫喊，我竟是讓他嚇了一跳。我有點惱怒的問：「幹嘛啦！」

「剛那鏡子有個影子向左跑過去。」他大喊著指向第一間房子。

「啊！快跑快跑！」第一間房子那不知哪個同學叫喊著，所有人聽到都跟著跑出樹林。

「到底怎樣啦！」跑到樹林外頭，我喘著問剛才大叫的同學。

那個在另一頭大喊的同學說道：「剛你們說鏡子有影子跑過，結果我們看的那面鏡子就出現一個影子，有紅色的眼睛在瞪我們。」

另一人附和說道：「對，我也有看到……」

「我也有……」其他兩人異口同聲說道。

除了說出來的話相同，還有另一事相同。

他們三人的臉色相同的白，所以雖然我沒有看到，但我相信他們不是胡說。

當天回家，我便在茶桌上與父親、母親提起那些宿舍的事，母親臉色一沉，便跟我說了一段往事。

原來那些宿舍在母親小時候還是有住人的，她的一個同學就住那裡。一日那位同學在化妝台前梳頭時，突然看到一個黑色的人影盯著她看，把她嚇得不輕，最後舉家搬走。

而我們似乎也看到了相同的東西，而這東西還並不止局限在一間屋子的鏡子裡……。

那次是我有記憶以來，第一次被帶去收驚。這次收驚給我的印象非常深刻……。

那是在老街裡，一處窄巷中，那是條罕為人知的死巷，至少遊客是不會發現的，就算發現，也沒有陌生人會走入。

巷是一人寬的窄巷，牆是斑駁水泥牆，牆面有青苔，有拿磚塊以橘紅線條畫出的一些塗鴉，跟一些不成圖的線條，興許是附近的孩子畫的。

那巷子並不好走，延過去還得避過幾根從上延下的粗水管，水管旁還捆著各種電線，頭頂上還有不知道什麼東西在滴著水，積了一地潮溼，讓這條巷子有些溼冷。

巷子窄，潮溼陰冷，有著令人窒息的壓迫感，在這夜晚裡，唯一讓這條巷子還顯得出些暖意的是巷底的那盞黃燈。燈不甚亮，好歹也照了半條巷子，在這環境下的這盞明燈，它靜處在那裡，令人產生一種錯覺，彷彿它是黃泉引魂燈，它指引，它也送行。

那時家母帶著我走那條巷子，腳下踩著積水，啪噠啪噠的響著。

巷子雖是死巷，但裡頭進去，拐彎處有一間隱藏的廟壇，在老街這附近，以收驚聞名。

那廟壇就是一般的民國初年平房，門口吊著兩個紅燈籠，屋子是整修過的，抿石子面的牆上左右還貼了各一大張黃紙符咒。而正中那道淺藍色的門，雖知道是玻璃嵌在木條上，卻像是那淺藍色的木條切了玻璃，切出了兩個王字，讓透進去直見的廟壇，有一種說不出的寧靜威懾。

母親帶我去找那間廟壇裡面的一位老師傅幫我收驚，而那收驚的花生夾心餅乾最後忘記拿回來吃，被收驚的師傅吃掉。

這一碴兒讓我念記到現在。

推磨人

今年過年，大伯回來，也許見一眾子侄輩也都長大了，竟是難得的聊了許多家族往事。

雖然長大的過程，沒有少聽那些些許片段，但這般直白的敘述，卻是大伯心血來潮的頭一遭。

我泡茶給他喝，茶杯內的茶湯沒有斷過，他也就不斷的說著。

其中他說的一段往事，竟是銜接起父親跟我說過的，先前我也記述過的一段故事，根據他的描述，我再記述下了這篇。

大伯說道，其實在他的阿公，也就是我的阿祖那輩之前，我們的家族在鹿港還算望族，有地、有田、有錢，只是撞上了許多事，地被奪了，錢被四萬換一塊[1]，漸漸的就沒落了。

直到我爺爺那輩，家道正式衰弱，所以大伯與爸爸那輩小時候就住過許多地方，家總是搬來搬去

1 四萬換一塊：一九四九年進行幣制改革時，政府明訂四萬塊舊台幣兌換一元新台幣的匯率，民間習稱為「四萬換一塊」。

的。家裡後期名聲不好，許多房東甚至還不太願意把房子租給我們，因此被迫加了些價格才租到房子，而且還都要預付，讓家裡的處境更是困難。

住的房子自然也都不可能太好，除非真的不行，不然是不搬的。畢竟，窮比鬼還要可怕，儘管是這樣想，但也還是搬來搬去的，想消停會兒都不能。

家道一走衰，一些親朋就像禿鷹一般的，來分食你最後的肉塊。衰，只能衰得更快，逐漸的，那些親朋在你沒有利用價值後就不再是你的親朋了，甚至如仇人般嫌惡你，也就這樣，慢慢地斷光了。偌大的家族，逐漸離析分崩。

剛開始走衰時，家裡雖然衰敗，但瘦死的駱駝比馬大，抖一抖，口袋裡還是能掉些零錢下來的。阿祖就用剩下的那點錢買了一處宅子，不過那也是在當時非常便宜的宅子。

阿祖也真的是貪了便宜，宅子便宜一定有它的問題在。

那宅子是位於鹿港彰化銀行後面一帶的位置，現今已經不在，早已拆除改建，但在當時是一間兩進的合院大宅，那佔地至少也有兩百多坪。阿祖買下時，那早已是一處荒宅，常年無人住，所以才賣得異常便宜。

一些老鹿港人或許還有印象，那宅子很大，能塞進當時家族還剩的二十幾口人。

而究竟有多大？

據奶奶的回憶，從大門口走到她的房間，共要跨過九個門檻，由此可見一斑。

但那宅子卻不只住著家族的人，裡頭住的還要更多。

新搬入的第一個晚上，那時父親的大姊，也就是我現在的大姑姑，她在大半夜起床如廁時，就在大廳見著了其他人。

而且還不少。

大廳雖沒有開燈，但那座大廳是挑高的，那幾扇大門也都沒關，那夜的月也是明亮，引了月色進來，廳裡的一大半都還算照得清楚，不到五指不見的程度。她隨那靜謐的月光看向廳內，她看見了五個人，那五個人身著灰白破衣，正在大廳中低著頭緩慢的繞著圈子，像推著什麼，也不發出一點聲音，就那樣推著。

那時的大姑姑還小，一個孩童又怎會多想，她自然是不知道怕，就只是好奇的看著。看了一會兒，她覺得新奇有趣，跑去叫大哥，也就是我大伯，兩人一起來看。

大伯被挖起床，睡眼惺忪的，還揉著眼，就被我大姑姑拖去大廳看這奇景。兩個孩子就看著，還討論他們在幹嘛。

大伯驚奇的看著，看了那些人的動作，問道：「看起來好像在推磨？」

大姑姑歪著頭，道：「磨？」

但也就是兩個孩子說了話這一會兒，也不知是說了磨字被聽見，還是怎麼著，那些轉圈的人竟突然抬起頭快了起來，甚至是輕快的墊步跳了起來。

就那樣快速的轉了幾個圈子後，一眾身影就漸漸的變淡消失了。

兩個孩子覺得驚奇，在那些人消失後還進去大廳找了一下，找來找去也不見那些人的蹤跡，既然沒有蹤跡，那就是沒有證據，兩人隔天將這事告訴大人，果然是沒什麼人相信。

但家族裡有一個人卻是信了，那人是他們的母親，也就是我奶奶。

因為奶奶在夜裡也看到了，只是她看到的不是轉圈推磨的人，而是在房間的屋簷牆角，看見一青面獠牙的怪物，掛在牆上睡覺打呼。

她當下沒有聲張，也沒有表現出任何恐懼，更沒有一絲驚慌失措的樣子。她是五個孩子的媽，她很堅強，這個家倒下了，老公撐不了，就還得靠她撐著，五個孩子都還得靠她，她不堅強怎麼行？

然後隨著時日過去，看見怪事的家人沒有變少，反而是愈來愈多了。

連阿祖自己都看到了。

阿祖他是個刀指師[2]，當時鹿港辦桌第一個要找的就是他。那時的刀指師辦桌只要帶自己的菜刀，其他什麼也不用帶，宴席上所有東西都是宴席主人自己準備的，所以刀很重要，可以說刀就是刀指師的命。

而刀指師的命，平常都要好好的保養著，好好的供著，自然是容不得他人把玩的，尤其是家裡的孩子，誰要敢亂碰一下，都得做好被藤條伺候的準備。

一日半夜，阿祖在床上睡著，夜很寧靜，但他突然聽見鏗鏘鏗鏘的聲響，聲音很響，他自然是被吵起來了，而那聲音他聽出來是他菜刀的聲音。他皺了眉頭，起身查看，甚至帶有一絲怒氣，結果一看，看見一個小小身影在他的房間蹦蹦跳跳，手裡還揮著他的菜刀。

他很生氣，一時以為是哪個孫子在玩他的菜刀。

才要走上前大喝罵人，他話突然就吞了回去。

因為那個矮小身影一回身，他看清了，竟是一個青面獠牙的矮小老頭，在開心的揮著他的菜刀。

這才不是哪個孫子。

2 刀指師：指辦桌服務中負責掌廚的廚師。

阿祖才沒有這種孫子。

那矮小老頭發現阿祖在看他，笑了笑，慢慢放下了菜刀，然後撿起一旁的一個東西，發出礪礪礪的聲響，就走了。

阿祖細一看，他發現那矮小老頭拿起的是一副古時候的鐐銬，由兩塊木頭拼接，又串了一條鐵鍊而成，拿的時候自然會發出礪礪礪的聲響。

阿祖被這一幕嚇得一身涼，呆在原地好一會兒才緩過來去收拾他的菜刀。

而這個家就過著這種隨時會見到怪異畫面的日子。

久了，眾人也就習以為常，甚至日常時還會稍微拿出來討論一番。

至於為什麼一直沒搬走？

因為窮比鬼還可怕。

後來家族的一人，我爸的阿叔因為自己的債務，竟偷偷把家族唯一的房子拿去抵押，最後鬧得房子被拍賣。阿叔自己逃跑，剩餘的家族之人流落街頭，我的家族正式衰敗。

也因此一家人開始了租屋的日子，才搬去老街上，租了那間，先前提過同樣有問題的宅子。

也是搬走後，我的大伯才去打聽，原來那間宅子是古時的衙門，是一間舊衙。

大伯細一想，那古怪的老頭拿的是一副鐐銬，而那些推磨的人，灰白的衣服上也似乎各個都寫著「囚」字。

寢不語

近年來回鄉的青年多了些，有些在老街晃著晃著，就會晃進來，被我邀上茶桌聊上兩句。有些說著外出時的故事，有些說著回鄉後的願景，也許是回家接家裡的事業，或是要在家鄉這裡做個小生意。而我近年寫著《茶桌異聞》，有些聊著聊著，竟然有人看過！他們自然也不吝嗇地分享自己的故事。

記得其中一個女生姓張，講了一個故事，是她與前男友的故事。她小我幾歲，當時她跟男友都是大學畢業後在台北工作了幾年，也是台北始終待不習慣，最後選擇回家鄉。男生的老家住粘厝庄，女生是彰化人，就也跟男友一起搬去粘厝庄住。

早些年那男生家其他家人都搬去台中，鹿港的老家就空著，他也只有小時候住過，也是突然想到，他就跟他的女朋友兩人搬回來鹿港住，想說可以做點小生意。

那間房子本來是一間古宅，曾經翻修改建過，但卻不是全部重建，房子的後半部仍舊是古時木造磚疊，前半部曾經塌掉，拆除改成現代水泥造，是一間拼接的宅子。而這宅子雖說改建過，卻也是太久沒住人了，一空就空了近二十幾年，裡面的房間堆滿了各式雜物，光是打掃就是個浩大的工程，整理了三天，也才整理出一間房間能睡。

先整理好的那間房間，是總鋪。

一些老房子，在舊時的裝修設計中，因為住的人多，會出現「總鋪」這種日式的設計。整個底部釘木墊高，上面拼上榻榻米，鋪個被子，一間房間就能睡上八、九人，一家子就能全都擠一起睡。她男友說他小的時候就是睡那總鋪。

他對那總鋪的印象非常深刻，那榻榻米下的木架可以收納各種物品。靠邊緣下榻的地方做小拖門或小抽屜，就成了床下櫃；靠內的地方翻開榻榻米，也能收藏東西，使家裡能收納東西的空間整整多了一層，極是方便。

她男友以前也總說這總鋪的事，小時候就會把各種玩具小物藏在榻榻米下，有時候甚至自己也躲進去探險之類的。他總說著這些兒時的事，所以趁這機會跟她男友回來看這傳說中的總鋪，看看男友長大的地方、認識他的家鄉，她也覺得溫馨有趣。

初回來那幾天，他們第一個整理的就是那間總鋪，有兩人四手，整理得也算快。房間整理好，才總算是有得落腳，打算之後的房間再慢慢整理。

但其實那間總鋪，也不算都整理好，下方的收藏櫃內與榻榻米下的東西都還沒碰，是打算之後再慢慢處理。

住了幾天，起初還新奇，但睡慣彈簧床的她突然睡上硬梆梆的榻榻米怎麼可能會習慣？也不是認床，就只是單純的太硬，她當然是睡不習慣，總是在夜裡輾轉難眠，而且她也開始感到奇怪，有些事情她實在是不解。

初到這總鋪時，她男友就說了一件事，說小時候他奶奶就有教「食不言，寢不語」。

那是家裡少數特別嚴的規矩，希望她也能遵守。

食不言自沒什麼好講，自有其衛生的問題。而寢不語，她男友在這總鋪就特別有印象，小時候如果睡覺時講話，他奶奶就會生氣得把他拉出房間外面罵一頓。

總之在那總鋪上睡覺時是不能講話的。

這就讓她有點憋了，她本就是個多話的人，躺在床上時就想跟男友聊個幾句，但她男友卻會在她要開口時伸手抵著她的嘴不讓她說話，似乎也不是玩笑，而是有些嚴肅與認真。

她也無奈，只好配合。

一日半夜，她男友睡了，她手機突然響起，是她一個大學好友打來。她也正好是翻來覆去的睡不著，又憋了好幾天夜裡不能說話，見機會就接起電話輕聲的說了個不停，一講就是大半個小時。

說著說著她突感尿急，想去廁所，也不放下電話，就維持著躺平的姿勢，在總鋪上一路滾過去，滾到床緣，也不好直接開燈，怕驚醒男友，便伸手去牆角切夜燈。

那小夜燈是插在插座上那種類型，有一個簡單的穿過燈身的橫桿開關，而插座就在床緣邊，那鋪下的櫃子旁。她繼續講著話，黑燈瞎火的伸手摸著。

手揮啊揮的就是沒有摸到那盞小夜燈。

才摸到，正要開那開關時，她的手腕突然被一搭，冰涼觸感傳來，那不是在開燈時該出現的感覺。她一嚇，驚得叫了出來。

手機啪啦一聲摔落地板，而她則是整個人彈了起來，連滾帶爬的朝男友睡的地方去，還哭喊大叫著。

夜燈沒切成，又失了手機，僅剩窗外透進的些微月光。昏暗的房內，她隱約看見男友似乎被驚醒坐起了身，便朝他那裡爬去。

她衝進他懷中，男友一把抱住她，讓她頓時安心不少。

她才要說發生什麼事，一旁一句話打斷了她。

「嗯？妳幹嘛啦？」

她一驚，這聲音來自身旁不遠處，而且她熟悉，說話的是她男友。

但那聲音卻不是抱她的人發出的。這房間只有她跟她男友兩人，那這抱她的人是誰？

是了，驚慌中她沒有發現，那個懷抱，特別冰冷。

她驚叫推開那個懷抱。

身體往後，後腦勺撞上了牆，碰的一聲。雖然本就黑燈瞎火，但她仍是覺得眼前黑了一下。

再回過神，她男友已經打開了燈，一臉困惑的看著她。

她顧不得後腦勺的痛，驚慌的轉頭四周看著，想找出什麼，卻沒有看見那搭她手的，或者抱著她的東西。

她男友急得問她發生什麼事，但她驚魂未定，只是哭，什麼也說不出來。

她男友見狀就過來安撫她，許久後她才道出原由。

那時她說著，她也看見了她男友的表情，那表情很嚴肅，而且眉頭鎖得很深，很深，很深。

他只問她：「妳是不是睡覺時說話了？」
她這時才知道，先前的叮嚀不是說著玩。
那間房子有問題，才要「食不言，寢不語」。

三合院

鹿港有一區叫做牛墟頭，是過去許姓的大聚落，也是早期鹿港農產品的集散地，在過去以鹿港米聞名，出了好幾個米商巨頭。

這邊已經偏離了天后宮與老街商圈一些，並不是觀光客會走到的地方，來到這裡才真正像鹿港原樣，少了人潮、少了商業化、多了純樸、多了靜謐，直到這才見那保留下來的古色古香。

以前我對那區並不熟，是到後來長大後深入了解鹿港，走遍大街小巷才發現那裡有座精美的三合院，而我發現那座三合院時它已經將要整修完畢。整修完沒有多久，他們辦了個活動，開放供人參觀，裡頭有放些施工時的照片紀錄，算是鹿港近年較新整修出的老屋。

那時剛好有個碩班的同學來鹿港找我，在碩班初認識他時他沒有外號，幾個相熟的同學就隨便給他取了個外號，他當時住在宿舍四樓，乾脆直接叫他做「四樓」，後來這樣一叫就叫了好多年，他也不介意。他到鹿港來玩時問我有沒有觀光客不知道的私房景點。

剛好那時那座三合院還開放人參觀，我便帶他去了那兒。

那座三合院知道的人實在不多，甚至我們到時裡頭根本就沒人，顯得異常冷清。但沒人歸沒人，卻更能顯得古宅的靜謐古樸，更能顯得這裡是處私房景點。

那三合院的埕有個一人高的圍牆為門面，山門是雙開腰門，左右圍牆開有石雕扇形窗，左邊的屋體有一扇六拼的磚胎窯燒綠釉花窗，對稱的右邊屋體則是一扇魚鱗拼瓦方窗，門面雖然左右窗花形狀不對稱，但卻很是別緻。埕裡頭斜長了一棵老樹，從正門望進，剛好斜切了一半，樹蔭罩了半個埕，別有古樸斑駁的靜謐韻味。

入埕左右邊是對稱的兩隔長屋，爐灶在左內側一間，門口有一座井，封了起來，上安一座鐵製綠漆津田式手壓泵浦，還有水可用，是口活井。

左右長屋很是一般，倒沒什麼看頭，正廳就有點樣子了。正廳的大門是雙開朱漆轉黑的斑駁木門，除了略高的門檻，也不算有什麼奇特，但這門一進有堂，竟是左右各六柱的十二柱深廳，內部空間寬廣而深，堂後還隔了房間，雖然因為整修，這廳堂內都沒有任何擺放，但可想當年應該也是一方豪紳的住家。

「這家是出過狀元嗎？門檻這麼高……」也許是太專心看那宅子吧，四樓他進門時被那門檻絆了一下，險些跌倒。

但也沒再多說什麼，我們兩人就這樣各自分開在大廳內到處參觀，廳內有擺放些老照片與施工時的照片，我就這樣隨意的看過去。

突然一股勁風從我後頭竄過，一個回頭，竟是一道影子往外急奔而去，我一愣，那跑出去的不正是四樓嗎？他是要幹嘛？

我不以為意，只是慵懶地跟上，待到步出腰門時，便見到四樓正扶著對街的電線桿彎腰對著水溝狂吐。

我急問他怎麼回事，他卻是半天也說不出一句話，我以為他是吃壞了肚子，他的臉卻是一陣青一陣白，直拉著我表示要離開。

是到我們離開了好一段距離，他才說道：「那裡面有東西……」

我被他這一說，是一愣，一時沒反應過來究竟是什麼東西。但隨即我又想起，碩班時，一次農曆七月份，見到四樓時他臉色很差，像好幾天沒睡好似的。

那時我們問他怎麼回事，是不是沒睡好？

想不到他還真的是沒睡好，只是這原因很特別，竟然是被吵的，而且吵他的還是鬼？

他說他從小到大，每到七月，他就要被吵，被鬼吵。也不是那些鬼故意要去吵他，也許是細碎談話，也許是吼叫呢喃，他就是能聽見那些鬼話連篇，讓他睡不好覺。

所以我是知道他的體質特殊，他甚至平常身體也不太好，時常生病，說他體差氣虛也不過分。

不過他說的有東西，究竟是聽到什麼？還是看到什麼？

我也沒急著問，是到他自己喘過口氣後，他才又繼續說道：「我剛逛到後堂，突然看見一個穿黑旗袍的女人背對著我在那邊面壁。本來我想就這樣默默的退出去，結果她竟然背對著我用後退的方式快速朝我靠近，我才嚇到跑出來。」

我本來以為自己不會被他嚇到的，卻是他說完後我就從腳底板涼上腦門。

聽他這樣一說，那不是他跑出去時，那東西正在追著他？

所以他剛剛是把我丟著了？

想起我剛剛還慢悠悠的晃出來，心裡就是一陣涼。

「剛剛我拉著你快走，也是因為那個黑旗袍女人背對著我們站在那腰門，而你，還穿過她走出來。」

我已經不想讓他繼續說下去了，我都覺得有些冷了。

那芒刺在背的感覺襲來，也就他說的那兩句話，我已經驚出了一身冷汗，鹿港的風又大，經不起那風吹，貼背的衣服如刺，很刺。

亞洲戲院

一九六〇至七〇年代，鹿港是有戲院的，樂觀園、亞洲戲院與興南戲院，一個小小鹿港就有三間之多。

雖然那些戲院如今早已停業，甚至連建築也都拆掉改建了，只能偶爾聽聞老一輩人說著當年戲院的事，說著當年的繁華，當年不夜的鹿港。

當年許多人都認為亞洲戲院與興南戲院是同一棟，實則不是。亞洲戲院是興南戲院擴大營業後才又蓋的建築，兩棟建築雖有各自出入口，卻也有相通的地方，說起來算是共構，才形成了興南在一樓，亞洲在二樓的情形。擴大營業後成了類似現今的影城商場模式，除了戲院，還有食品行、電器行、理髮廳，甚至樓上還有當年極為出名的新興大餐廳。

其中興南戲院是有舞台的，所以除了播映電影，還有康樂隊、戲班等演出，算是比較多元的。

鹿港當年的這三間戲院生意都很好，座位總是滿到要坐去走道。那時的戲院不同如今，戲院裡是熱鬧的，或說有些吵鬧，甚至銀幕上播著，台下有人走著叫喊：「蠶豆、瓜子、牛奶糖喔。」

是賣零食的小販。

有人外找，銀幕旁字幕還會打上某某某外找，整場下來，那字幕就沒停過。

戲院裡不論是台上台下，都演著自己的戲，說是雞飛狗跳也不為過。

但是這熱鬧的戲院，卻也有異常冷的故事。

說的是那亞洲戲院。

那時的亞洲戲院旁有間飯攤，總把一樣樣的菜餚堆成小尖山，一座座、就是一道道菜，客人點了，老闆就用筷子或勺子給盛一盤，菜色多樣，味美價廉。

看戲出來的客人總要在這裡填個飢，有些找宵夜的也找到這來，一個小小攤子，總鬧騰到天亮。

老闆為人好客熱心，有時酒賣完了，酒客要酒，老闆還幫著去敲雜貨店的門，吵醒雜貨店老闆，買個幾手回來。

故事傳開的地方，是那戲院旁的飯攤，直把熱心的老闆腳尾給嚇冷了。

那一天的飯攤異常冷清，也就幾組熟客而已，父親跟華叔叔便是其中一組。

驚起那夜不凡的，是一個神情不安的青年，他突兀的闖來，就跟老闆要了一碗熱湯。

老闆也沒問他要什麼湯，見他樣子，手快的盛了一碗貢丸湯就給他。

那青年眼神慌亂，似是受了什麼驚嚇，嘴裡只喃喃道著：「有鬼、有鬼。」

他就坐在那裡盯那碗湯看，看了好一陣子，看那碗熱湯蒸蒸熱氣，看那碗內丸子載浮載沉，然後他哭了，他落了淚，淚水就那樣滴進湯碗裡。

青年突然的哭，也是嚇到了老闆，一臉的皺紋都被驚得抽了抽，人好的老闆一時不知所措，竟然是夾了一盤涼拌黃瓜給他，老闆也不知為什麼要那樣做。

只是那個青年什麼也沒說，甚至沒有碰桌上那些食物，留下了錢，就走了。

父親跟華叔叔對看一眼，只覺得這青年眼熟，卻一時記不起他是誰。

是後來跟在場其他幾個熟識的人稍聊一下才知道，那青年綽號叫蝌蚪，與一眾的青年男女似與戲院一方相熟，時常出入戲院，甚至在戲院都有著自己專有的位置，說的是那戲院最後緊貼著放映室那一排，晚場時都能見到那一眾人坐在那裡。

那時的戲院放映用的還是膠捲，播著播著就會燒起來，播映室的放映師要剪掉燒掉的那段，再接起來繼續播映，所以那時膠捲電影每一次的播映都是一次的耗損。

那後排的那些位置也不算什麼好位置，除了前面總有人來來去去，擋住視線外，那膠捲一燒起來，最早知道的也是那區，總聞著燒焦味，實在不是什麼好事。

不過優點就是那排隱密些，開場唱國歌時不站起來也沒人說話，很受叛逆的青年男女喜愛。只是一時也問不出是什麼事，但那一句「有鬼、有鬼。」卻是深深烙印於在場所有人的心裡。

過了數周，華叔叔終是耐不住，去問了那眾青年的頭，一個叫悾猴的。

問了悾猴，悾猴的臉色有些不善，華叔叔在地方也算兇人，說惡霸也不為過，他不敢得罪，自是不敢推拖，還是娓娓道來。

在事發前一個月左右，他們那眾青年男女裡，突然多了一個女生。那個女生總穿一身黑，話也不多，是蚪蚪帶進來的人，叫小吟，與蚪蚪似乎特別好。

悾猴猜想，蚪蚪喜歡她，因為蚪蚪在她面前總是特別愛表現自己。悾猴一眾人見狀，都是識趣之人，既然知道蚪蚪喜歡人家，那便要給這兩人製造機會。

所以那一天，所有人都講好不進戲院，把那排位置留給了蚪蚪跟那黑衣女孩。

而那一天，剛好就是華叔叔看到蚪蚪衝去飯攤的那天，也就是悾猴他們給蚪蚪製造機會的那天。

說到這，悾猴看了一眼華叔叔，想了想，突然覺得事情由自己說可能有什麼不妥，還是決定接下來的事讓蝌蚪自己說，於是叫來了仍驚魂未定的蝌蚪。

華叔叔自然沒有什麼意見，聽當事人說，可能還更清楚一點。

蝌蚪的狀況已經好過當時了，只是手上、脖上都掛滿護符佛珠，有些誇張。他看了華叔叔跟悾猴，神色呆了呆，是被悾猴提醒一下，才說了起來。

原來蝌蚪認識小吟的時間也不比其他人久多少，是一日在亞洲戲院售票亭前遇上的。她在售票亭前徘徊，蝌蚪猜想，她可能想看電影又沒錢，蝌蚪看她美，想一親芳澤，便上前搭訕，後就帶她進了團體，跟大家一起看免錢的電影。

而之後悾猴一眾人給蝌蚪製造的機會，便是那天的午夜場。

雖然戲院一直很熱鬧，但午夜場總有它特別的地方。它靜了一些，因為要工作的大人少了一些、要上學的小孩少了一些、約會的青年情侶多了一些。

所以午夜場的氣氛就少了喧鬧，多了一絲絲的旖旎。

極為適合關係的進展。

蝌蚪與小吟兩人並著肩，看著電影。蝌蚪一直都是緊張的，看著看著，他終於鼓起勇氣，伸出手，去握一旁小吟放在扶手上的手背。

只是這一握並沒有蝌蚪所想的軟嫩溫香，而是冰涼刺骨，蝌蚪一瞬間皺了一下眉頭。

他看向一旁的小吟，發現小吟也正在看他。

只是那神色很冷，隨即她開口說道：「還是被你發現了。」

蝌蚪一瞬間還不懂小吟說的是什麼意思。

只見小吟搖搖頭嘆了口氣，然後就消失在蝌蚪面前。

蝌蚪大驚，奔出戲院，朝飯攤而去。

嘴裡喃喃唸道：「有鬼、有鬼！」

自井來

記得那時我還是國小生，老街還沒有如今這般熱鬧，父親的朋友見父親骨董店生意尚可，便拜託寄賣他自製的八仙桌，父親想了想，便應了下來，也順便辦了些較大型的如多寶櫃、太師椅之類的仿古家具回來賣。於是家裡的生意除了那些小玩意外還多了那些較大的物件，東西一多，店裡也就漸漸擺不下，所以父親乾脆就在附近又租了一間屋子做倉庫，而那間屋子也同樣在老街上。

那時是暑假，小孩特別閒，父親就帶著我一起去看屋。那是一間長屋，屋頂木梁鋪瓦，牆則是石灰抹面的磚牆，只有一層樓，單調的長屋，全屋大約有六、七十坪。屋主帶我們看屋時，剛打開門，撲鼻就是濃重的霉味，不知道已經有幾十年沒有人居住使用了。

屋子甚至連自來水與電都沒有，一切都要另外去請辦。但好在屋子最後頭有一口室內井，一口方井，那口方井有磚砌的護緣，大概到成人的膝蓋高，上頭蓋著一塊木板蓋，再用一塊古時那種不規則的手工磚壓著。那木板上似曾撕撕貼貼的留下許多紙痕，也許本來不是井蓋的用途，掀開後一看，是一股涼意沁人，隨著屋瓦破縫處灑下的光，映得波光粼粼，更添清涼意味。

而那打起的井水也不會似尋常井水般微黃帶紅，那口井的井水可以說清澈見底，毫無雜質。那口方井臨著後門，那邊還隔了兩間房間，只是臨著井，潮溼些，那隔間拼接的木板長期受潮，發了不少的霉斑。

而後頭的這區，許是因為那口井的關係，竟總有著絲絲涼意，在那暑氣逼人的八月感受不到一絲暑意。

我跟父親看了看，除了屋瓦有的地方些許破縫透光，可能會漏雨外，就是霉味重了些，也沒什麼其他大問題，重點是租金便宜，父親一口就應了下來，決定租下。

我跟父親回家拿了掃具，趁著天還亮著，打了那口井的井水就開始灑掃那間屋子。那屋子的地板是方形大紅磚鋪的，歷經了無數年，不知多少雙腳的踩踏打磨，那紅磚竟然也被磨得如琥珀蜜蠟般油亮油亮的，灑掃過後更是快能映照出人。

只是屋子那霉味不管怎麼刷洗都沒有淡去，哪怕是灑掃的水加了漂白劑，都沒有蓋過那股重味，可能霉味是沾在屋頂或牆上這些難以清理的地方了。

所以我們便沒有關門，讓屋子直通風幾日。

果然在一周後，屋子的霉味淡了不少。在濃重的霉味淡去後，屋子內卻總是若有似無的聞到一股子怪味，說不上臭，有些像是燒焦燒糊的味道，卻又不盡相同，而我們都知道，這屋子就是一間空屋，又不接電自然連電線都沒有。

尋來找去也探不出個所以然，而且那味道也不算重，父親就不在意了。

那些貨就這樣搬進來存放了。

隨著日子過去，我偶爾也會去那間倉庫看看。小孩子力氣小，幫忙搬貨也只能意思意思幫忙一下，實在出不了幾分力，所以真的就只是看看。

大半年過去，父親開始覺得那些大件的貨，吃力不討好，久久才有人買一件，又賣得便宜，實在賺不了幾個錢，還特別佔位置費力氣，就有了不想再續租，不想再做這塊買賣的想法。

同那屋主談，屋主卻是提出了一個意料之外的建議。

屋主想把屋子給賣了，而且賣得極為便宜，讓父親非常猶豫。

父親考量再三，還是沒有買下，雖然價格便宜，但那是古蹟，實在是難養難顧，最終還是放棄。

過了幾個月，那屋子雖然沒有賣掉，卻又租給了別人。

那承租者不是用做倉庫，那時的老街也不熱鬧，店面更是沒幾間，所以也自然不是用來做生意，而是用做住家。

那時的街坊鄰居還是比較有人情味的，他才住幾天，就早有街坊與他搭訕攀談，一下子就混得極熟。

知道這人姓張，是小時候在鹿港長大，後來去了台北工作，做了幾年才又回來鹿港，如今應了一個貨車司機的工作，生活也都還過得去。雖然他在鹿港還有老家在，是一處合院，原本住著還算寬敞，但自兄弟們結了婚後，老家就變擠了些，他只好自己搬出來住。而老街的房子老舊是老舊了些，也沒有現成的家具，但優點也是明顯，一是寬敞，二是租金便宜，他還是可以接受的。

而這男子還有些特別，他有潔癖，總把家中打掃得一塵不染，而在家他總是赤腳走，鄰人問他這是什麼原因，他說：「褪赤跤走，跤如果垃圾連鞭就知塗跤好摒掃囉。」（赤腳走，腳如果髒了就馬上知道地板該打掃了。）

他睡的地方就是那井邊隔的其中一間房間，初住時也沒什麼，只是總覺得好似有人跑進家裡來，時常覺得家裡的東西被移動過。雖然新住戶特別容易遭賊，但檢查了一下也沒有發現有什麼財物損失。

也許是那後門老舊，實在太好開了，那門樞幾乎都磨壞了，整扇門稍微一抬就能抬起來，實在就是道只防君子不防小人的君子門。

後來這姓張的男子始終覺得不安心，便請人把門給換了，換成一扇鐵板門，這才稍微安心點。

只是換了那道門後事情依舊，家裡東西還是時常被搬移，他就開始覺得奇怪了。他偶爾也與鄰里閒談這件事情，問問這屋子是不是鬧過什麼？

只是鄰里左思右想，好像也沒有聽過什麼傳聞。這屋子一空都不知幾十年了，上一次還有住人時這些鄰居街坊說不定都還小呢，自然是打聽不出什麼的。

男子就也不在意繼續住了下去，是又過了一陣子入了夏天，男子才又覺異常。

外頭炎熱，那房間處竟然始終不熱，甚至可以說是寒冷，也沒有電風扇或冷氣，男子在夏天都還要蓋厚棉被睡覺，這就非常奇怪了。

男子左思右想愈來愈覺得不對勁，便開始觀察起家中的細節。

他漸漸發現，家中那被他打掃得幾乎油金發光的古紅磚地板，在赤腳踩過時會留下一絲淺淺的腳印，那是人身上帶有溼氣或油脂，是不可避免的。但這也沒什麼，主要是他發現，這麼大的家中就他一個人，一些他不常走的地方竟然也有腳印的痕跡。

而那腳印與他自己的腳相比，明顯要小一個尺寸。

甚至他還找到一個較完整的腳印，發現那趾頭竟然只有四趾，當然，這事他沒放在心上，也許這腳印本身也不完整呢？

他將這事情告訴鄰居，與鄰居問問，是不是附近哪家小孩跑去他家玩了？

鄰居陪他左思右想，也沒想出哪個可能的對象。主要是這附近的小孩實在太少了，也就那三、五個，又各個都算文靜乖巧，沒有哪個調皮到會隨意跑進別人家，而會赤腳跑的更是沒有了。

那張姓男子嘆了口氣，心中雖覺怪異，卻也不敢多想。

只是不敢多想還是克制不住會去想，於是那個張姓男子依然好奇的繼續觀察那些地板與腳印，然後他終於發現，這些腳印源頭是從井那頭發散而出，最終又走回井那頭去。

他開始發毛，雖然並沒有發生什麼事情，但已經住不下去了。他急忙開始收拾，想著要先搬回老家去擠幾天，之後再另找他屋。

就在他忙進忙出收拾家當，走過那房門外時，突然腳下一冷，赤著腳的他整個人滑了出去，摔了一大跤，他吃痛的爬起，便驚見那井邊有六個溼答答的腳印，他便是踩到其中一個才滑倒的。

他這一驚，便不顧收拾，急忙就逃回老家去。

過了數天，他找了自己的兄弟姊妹，人多壯了膽才一同來收拾剩餘的家當，也是那時要搬走時跟鄰居聊，鄰居才知道這屋子真有古怪。

後來沒多久，鄰里便聽聞那屋主便宜賣掉了屋子。許是那屋主正缺錢有急用，或是屋子有怪的事情漸漸傳了開，那屋子賣得極快，而那價格也實在是低得驚人，記得也就三、四百萬而已，比當初說要賣給父親時開的價格還低。

貳・古物

精巧皮盒

茶桌上除閒談鄉野趣聞、論經話政，其風雅更是不會少，現在茶人雖不再吟詩頌詞，但擺弄幾個玩件還是有的。

所以出現在茶桌上的茶友各自顯擺自己收藏那是再正常不過的事。

家父也好此道，他在我還小時，就開始玩些骨董文獻，與當時的古玩行口多少有些交流學習，來去的東西多了，經驗多了，培養的眼光也算獨到。

甚至有些人時常會拿些不知哪裡倒騰來的古怪物件考父親。

也因為父親茶桌上的這種風氣，有些想長長見識的人、搞傳藝的老師傅，也常出現在茶桌上，看有沒有機會能瞧瞧這些罕見的寶貝。

我那時還小，對這些東西自然是不感興趣的，但有一件怪東西的出現實在令人印象深刻。

記得那天是有個藏家出現在父親的茶桌上，他帶了一只綠花紅帶錦盒，小心翼翼的打開，拿出一只更小的盒子。

父親疑惑道：「這是？」

「這个盒仔有古怪……汝甘看有遮是創啥的？」（這個盒子有古怪，你看得出這是做什麼的嗎？）那藏家淡淡說道。我閒來無事，聽他說完，便也拿起那小盒仔細看看。

那小盒是個木骨繃皮的八角天地蓋小盒，木上有漆，黑紅相間，皮面雖白皙透亮，但邊緣上有帶紋黑沁，似是什麼文字花紋，卻已模糊不清。

外盒有稜有角，盒內底部卻另繃一層相同材質的皮，做成內凹半球狀，應該是用來放置什麼圓形物件。

這小盒整體做工精緻，卻帶一絲粗野氣質，雖說算得上是個精品物件，卻猜不透本來作用。整個盒子已包漿掛瓷，看得出來是有些年代，且是長年都有在使用的老件。

怪就怪在這盒太小，比點心盒還小，只有一個拳頭大小不到，尋常這麼小的盒子，通常是用來放置小巧的美玉或雕刻玩件，但這小皮盒雖做工精巧，外型卻不是那麼風雅，不像是用來收藏那些玩件的盒子。

父親覺得有趣，請這位藏家稍等，打電話叫了幾個茶友來瞧。

那些人也是閒，幾乎是隨傳隨到。不久後，茶桌上就出現了父親連繫來的那幾人，他們聊起了這盒子。

當然，大家也都沒瞧出個所以然。

除了一個年已七旬的老人與其中一個茶友外。

那老人是鹿港在地制鼓的老師傅，他拿起那盒子端詳一陣子道：「這盒仔，這皮……毋是牛皮，毋是羊皮，應該更毋是豬皮……」（這盒子，這皮……不是牛皮，不是羊皮，應該更不是豬皮……）

「喔？無遮是啥皮？」（喔？不然這是什麼皮？）那藏家問道。

那老人無聲許久，才道出一句：「恐驚是人皮。」（恐怕是人皮。）

老師傅說完，眾人駭然，另一個茶友才抱怨難怪拿著直頭暈，就不是個正常物件。

我聽完整個頭都麻了，剛才還拿在手裡把玩了好一陣，怎麼是人皮的？心裡只想著快去洗個手。

眾人安靜了一會兒後，其中一個茶友才道：「遮也無啥物，人皮製的物件也毋是無聽過，只是遮是頭一次看著。」（這也沒什麼，人皮製的東西也不是沒聽過，只是這是第一次看見。）

父親又對著那藏家問道：「汝拄才講，遮物件猶有古怪，猶有啥物古怪？」（你剛才說，這東西還有古怪，還有什麼古怪？）

「也無啥，著是伊有時陣下暗時會出怪聲，叩叩叩，親像有人敲門。」（也沒什麼，就是它有時候晚上會發出怪聲，叩叩叩，像是有人敲門。）

這下眾人又是一陣駭然。

那個剛才喊頭暈的茶友急道：「欸欸欸，汝莫相害，這分明是一个無清氣的物件，汝猶提來展，緊提去脫手！」（欸欸欸，你別害我，這明明是一件不乾淨的東西，你還拿來顯擺，快拿去處理掉！）

「遮爾嚴重嗎？」（這麼嚴重嗎？）

「喔汝真正天天呢，等咧去卡著。」（你真的傻傻的，等一下卡到陰。）

那人也是尷尬笑笑，就把東西給收了起來。

後來聽聞，那晚藏家拿著小盒回家，突然叩叩叩直響，藏家一驚，在自家樓梯滾了一大圈。小盒沒怎樣，他的右腳卻摔斷了。他躺了幾天，也不知是巧合還是真有古怪，只覺得邪門，便把小盒拿去地方市場拍賣掉了。

以前市場上流通的古物怪件多，真假交參，有許多對照能累積眼光經驗，現在卻是少見了，長大後聽父親談起那些古玩，起了興趣想學學，卻也沒什麼實物可學了，實在可惜。

藥材商

家父的茶桌，是一個社會的縮影，有來自頂端的人士，也有底層的人們，更有社會之背面，不可明講的那些人。

約二十年前，在父親茶桌上出現的一個茶友，他相貌平凡，微胖的身材，皮膚黝黑，是走在路上也不會有人多看一眼的路人長相，但他卻總是背著一口怪異的木箱出現。

我從沒聽起父親說他的名字，他平時話不多，跟父親也不算熟，只知他跟幾個茶友的私交還不錯，也是會出現在父親茶桌上的幾個奇異商人之一。我稱他做藥材商，因為他木箱裡的商品不論是以現在或以前的標準來說，都是相當特殊且稀少的，或是該說怪異。

他木箱裡頭的東西，是「珍稀藥材」，甚至是「違禁藥材」。

什麼靈芝、蟲草、牛黃、樟芝，在他這都還不太屑放入那口木箱中，多的盡是我不識得的奇怪藥材。

雖然父親不曾跟他買過，但他大概數周就會出現一次。

他透過這張茶桌認識不少其他茶友，也私下談成不少生意。我們所知道的，是現今某位知名政治人物，他的老婆當年命危，高燒不退，就是跟這位異商買了不少火犀角服用，這才退了燒救回一命。

看久了那些藥材我也不覺得稀奇了，直到有一次他帶來幾樣特殊的藥材展示給茶友看，卻不知那幾樣藥材會帶給他完全不可挽回的結局。

記得那是個冬風蕭瑟，路無行人的傍晚，茶桌旁烤了個小小的炭爐取暖，父親與三五人聚於茶桌，而我則在炭爐上烤著魷魚腳跟年糕。炭火的味道、年糕的香味、魷魚的香氣，蓋過了茶香，我烤得很好，烤得很香，入門的客人大概都會覺得有點餓吧。

那個藥材商逕自的出現，放下木箱，自己揀了張板凳就坐下。

他與其他人不同，其他茶友進門，大多會看著我的烤網上的年糕與魷魚，然後對我笑笑，但他卻沒瞧我一眼。

他雖本就不多話，總令人覺得怪裡怪氣，但今天卻看起來特別奇怪。

他明顯瘦了一圈，面無血色，皮膚不再黝黑，反而比尋常人白了不少，甚至看得到一些浮起的青筋。

父親也覺得他面色不好看，問道：「汝是按怎？」（你是怎麼了？）他回道：「無代誌啦，予恁看幾項希奇。」（沒事啦，給你們看幾個稀奇的東西。）說著就去掏木箱，從木箱中取出兩只木身玻璃面的盒子放到桌上。

第一只玻璃面木盒裡頭是黃綢襯底，用紅絲帶繫著一黝黑的東西，細一看，眾人皆是一驚，還有人跳起來退後了幾步。

原來那裡面放著一隻乾枯半握的人類手掌。

一個茶友驚問道：「遮……遮是啥物？」（這……這是什麼？）

那藥材商笑著回道：「遮是木乃伊。」（這是木乃伊。）

那個茶友問道：「木乃伊亦是藥材!?」（木乃伊也是藥材!?）

「嘿嘿，當然，研灰食痵呴，汝毋捌聽過？」（嘿嘿，當然，磨粉吃哮喘，你沒聽過？）藥材商嬉笑道。

「夭壽喔。」

藥材商又指著另一只玻璃面木盒說道：「恁閣看遮項。」（你們再看看這個。）

另一只玻璃面木盒內也同樣是黃綢襯底，有三片薄薄的東西用紅絲帶繫著，這東西十幾公分長，

四、五公分寬，淡黃褐邊，微捲微皺，似是菇類，但眾人也看不明白是什麼。

那個茶友又問道：「遮……遮閣是啥物？」（這……這又是什麼？）

「遮是屍菇，恁毋捌看過吧？」（這是屍菇，你們沒看過吧？）那藥材商說道。

「啥！」（什麼！）

藥材商笑著解釋道：「遮發佇咧棺柴板內，阮綴熟識的土公仔手頭揣出來的，嘿嘿，稀奇吧？」（這長在棺材內，我從認識的撿骨師手中找來的，嘿嘿，稀奇吧？）

那藥材商就是來現寶的，他常常這樣做，用意就是打廣告。讓眾人知道他現在手裡有什麼，恰巧有人聽說有誰有需求，茶桌上熱心的人自然就會幫他介紹生意，他也是靠這樣談成不少筆生意。

那天之後，茶友們似乎也忘了這件事，數個月沒再見他出現，一些茶友開始覺得也太久沒見他出現，才在茶桌上談起他。

是其中一個與他較熟的茶友偶然提起，才知那藥材商竟已過世，據說是中了屍毒，在家月餘才被發現，發現時渾身長滿毒瘡，死狀可怖。

活墓

距今約二十多年前，約民國八〇年代，鹿港老街的觀光並不如現在盛行，那年代的鹿港，若真要說什麼出名，那就是骨董民藝。

那時的鹿港有著中部最大的古物拍賣場，在常人熟睡的夜裡，在那天喜市場裡的一處場子，以道地的鹿港腔、響錘驚案，一夜敲出千萬買賣金額，破億也時有所聞。

那時鹿港金店面一戶也才六、七百萬，這一夜的成交金額可謂天價。

那是看金買金、看土買土的行當，眼明手快就是這裡討活的關鍵。無數人發家於眼光，用低價買到了金銀至寶，亦無數人敗家於眼光，用高價買到了土砂垃圾，這般廝殺，好不刺激。

不同於夜晚明刀明槍的檯面廝殺，白天的古玩民藝市場就暗潮洶湧了許多。

在那條現在熟知的老街上，與今有著不同的風貌，那時的那些老宅還大多是民宅，僅有少數四、五間是店面，開的清一色是骨董、古玩店。

別看那些店主人打著赤膊、叼著菸，卻都是骨董界不簡單的人物，這裡出名的不出「唬仔貨」[1]，在這裡沒有什麼「藝術品」，只有老件，不是老件就都是垃圾，入不了眼，而且統統第一手，謂之清流，從這裡淘進國際級拍賣的物件不知凡幾。

既然要出第一手，勢必就有特殊的通路。

通路主要的有四，一清、二藏、三地、四贓。

清，指清屯，一些古宅或藏家的後代子孫也許會因為缺錢，或宅子要整修之類的各種原因，將家裡屯留的古物清出，這時會請這些骨董商來估價收購，這是市場上第一種老件來源。

藏，指藏家、玩家，他們會將手上的收藏與同業或同好進行交流，或是有人委託骨董商尋找什麼物件，骨董商受託再從藏家手中淘換而出，這是第二種老件來源。

地，指地下，也就是俗稱盜墓，或後代子孫遷祖輩墓時清出當時的陪葬物件脫手，再者就是遺跡，這是第三種老件來源，這種來源雖不罕見，卻常出現一些古怪問題。

贓，指偷竊銷贓，雅賊從老宅中或藏家手中偷出藏品，常見插角（又稱雀替或托木，台灣骨董界

1 唬仔貨：仿品，假貨，偽造品，灌水物件。

一般叫插角）、石像、神像、花瓶、字畫、小擺件這類，若無特定的銷贓管道，便會出現在「賊仔市」或以類似捐客的方式出現在各骨董行仲介兜售，這是第四種老件來源。

而今天要說的這位，他就是主倒騰「地」的主。

主「地」路的最要命，這些人最鐵齒，今天說的這人，當年他身材胖呼胖呼的，熟識的叫他大圈仔，我叫他大圈仔阿叔。

他家裡的祖公仔屎[2]放下不少，不是缺錢的主，他買賣骨董，是單純興趣，特別興趣那些地下的。

他眼光還行，鑒得出新老，但墨水太少，說不出道道，玩骨董鬧出過不少笑話，蹚過不少渾水，但就因他鐵齒、他敢，硬是闖出了一點名聲。

他的骨董店也是閩式老街屋，門前有自己的小庭，雖沒有貫穿兩街的氣派廳深，但那小店也讓他用各種骨董堆放得繁雜驚人，令來客嫌不出一句「寒酸」，尤其他那門口也不知從哪裡弄來一對巨大的石羊，鎮在店門，很是氣派。

但那對石羊，卻是在放了好久後，才被懂行的人點說那是鎮墓石羊，放陽宅實在不妥，那人也是好心，一般人知道也不好意思去點人這個。

那大圈仔聽聞，是老臉一黑尷尬自嘲：「阮遮聲綴店頭家變成守墓人囉……」（我這下從老闆變成守墓人了……）

他的父親那時已經七十多歲，很不喜歡大圈仔倒騰那些有的沒的，有一次大圈仔不知道哪裡弄來一塊雕刻的漢白玉，約有半個排球大小。

漢白玉不算值錢，行內把它看做建材類，用秤斤賣，但那漢白玉貴在雕工與歷史。

那上頭有著模糊的花紋，還有字，風化嚴重，重要的是有沁。

一個物件有沁，如果不是作手仿舊，那定是有相當年份，那自然就值幾個錢。

他說推估那個物件至少也是前清的物件，開心得到處跟人炫耀。

但東西帶回家就不好了，他那老父一看，唉呀不得了，那上頭刻的兩字，不就是「后土」嗎？

那石羊他老父不懂，事就過去了，這后土是什麼？他老人家能不懂？守墓的玩意兒！

鹿港多的是古墓，沒躺進去，難道清明還沒掃過嗎？后土能沒看過嗎？

而且這還是還帶血沁的物件！

---

2 祖公仔屎：祖產、遺產，台語俗用。

這東西有什麼好炫耀？還帶回擺？

門口鎮石羊，門內置后土，這不真成墳墓了？

大圈仔的老父氣得拿藤條追著抱著后土石的大圈仔滿老街到處跑。

這一景象一時笑翻鄰里。

一次，他收了個物件，這個物件不同於常，竟是顛覆了他對收古物的看法。

那天他拿著一個奇怪的東西到父親的茶桌來。

那個東西長大約半臂，寬大約兩掌，高也差不多兩掌，整體有相當的分量，只是形狀怪異，底是平的，側面長滿噁心的小瘤，頂面有弧度，上有些模糊的雕刻。

細一究，那是胡楊木所造，傳說產自大漠，生而千年不死，死而千年不倒，倒而千年不爛的胡楊木。

那側面的瘤，是天生的樹瘤，頂面刨了一點弧度，雕著些已看不清的奇異風格花紋，還等距的嵌了三個半掌大，疑似青銅的金屬片子。

只是那金屬片子大概是經不起歲月的侵蝕，發了好幾層，剝落得嚴重，整體毀得很厲害，看不出本來是什麼鑄樣。

父親被大圈仔突然帶來的這物件弄得一頭霧水，看著那物件調侃問道：「遮啥？真穲。」（這什麼？真醜。）

「斟酌看，汝看遮。」（注意看，你看這裡。）大圈仔也不理父親的調侃，手一指，細一看，那胡楊木雕弧面的邊緣，竟然有拼接的痕跡。

那是卯榫結構，嵌合得很密，原來這玩意兒竟不是一體成型!?

大圈仔說道：「奇怪無？汝感覺遮是啥？」（奇怪吧？你覺得這是什麼？）

父親搖搖頭：「遮……阮看無……」（這……我看不懂……）

大圈仔道：「阮想欲共伊拆開看覓，火燒竹子園，無竹殼[3]裡面藏寶貝咧。」（我想要把它打開看看，說不準裡面有藏寶貝咧。）

父親：「按呢汝轉去開啊，找阮創啥？」（這樣你回去開啊，找我幹嘛？）

大圈仔：「想欲問汝知誰會曉開這種機關？」（想問看看你知不知道誰會開這種機關？）

---

3 無竹殼：「火燒竹子園，無竹殼。」台語俗諺，音同無的確，沒準的意思。

父親思考著：「遮……」（這……）

片刻之後，父親用電話招來了一個中年人，他是在鹿港搞童玩生意的，姓溫，很油滑的一個人，大家戲稱他做溫劍仙[4]。

這個溫劍仙，我小時候很怕他，看到他我必哭，至於為什麼？我也不知道，他其實也沒做什麼，反正只要他一對我笑，我就會躲在我媽腿後面哭，他也知道我怕他，每次他看到我都是尷尬的笑笑，也不在意。

他做的也是正經生意，賣好幾種益智積木，還懂點木工，父親認識的，卯榫結構碰最多的大概就是他了，如果他不會，那真不知道要找誰了。

那溫劍仙看這場面，尷尬的說道：「哎喲，恁是佇咧考老兄喔，遮聲阮沒打開毋就真無面子。」（欸呦，你們是在考老哥我喔？這下我沒打開不就沒面子了？）

說著，就動起手研究，溫劍仙在茶桌一旁安靜的倒騰，眾人喝茶等著。

兩個小時後，「喀喀」兩聲響起。

溫劍仙喜道：「沒落氣，開囉！」（沒漏氣，開囉！）

大圈仔阿叔好奇的湊上前去，還因此遮了日光燈，自己覺得不妥，又移了位置，這才示意溫劍仙準備打開那木盒。

只見上下各一根木榫被從橫面撬起，整個弧面邊緣的縫隙加大了不少。

整個弧形的面板可以輕鬆拿起來了。

打開後一股古櫥櫃的嗆鼻味道襲來，眾人的臉色都很難看。

難看的不是因為味道，是因為那盒子裡的東西。

那木盒子裡竟是一具小小的人偶，渾身漆黑，皺褶乾扁，非常醜陋，還用七根繩子緊緊的固定在木盒裡，旁邊卻沒有其他物件，難怪之前搖晃木盒沒有聲響。

父親細一端詳，臉色很難看的道：「遮……是真正的……一軀……」（這……是真正的……一具……）

「哈？」大圈仔沒有反應過來。

溫劍仙卻是反應過來了，他直接對大圈仔破口大罵道：「駛恁娘恁叫恁爸來開棺柴？」（你媽的，你叫老子來開棺材？）

4 劍仙：老滑頭、老油條、老狐狸。

大圈仔一臉錯愕：「遮……」（這……）

晦氣，很晦氣，父親把大圈仔連他那口迷你棺材一起趕回家，還拿芙蓉淨水來洗地，心裡這才感覺舒服點。

再見大圈仔阿叔是一個多月後的事了。

但他不再是大圈仔了，整個人瘦了好大一圈，只能叫小圈仔。

父親問他怎麼回事，他還不太願說，是問了好幾次，才緩緩道來。

那口小棺材被帶回去後的第一晚，他在店裡看電視，突然聽聞嘣一聲響。很清脆，很響亮，彷彿什麼撥弦樂器的斷弦聲。

他覺得怪，開始找聲音來源，結果找到了，是那口小棺材，七根繩子斷了一根。

他不以為意，想說也許是那古老的繩子見了新鮮空氣，開始氧化，就不牢了。

誰知第二晚，又是嘣一聲，又斷一根。

第三晚又嘣一聲，再斷一根，一天斷一根，他毛了。鐵齒的他終於覺得這東西不妙了，趕緊把那木榫給插回去，看看能不能就讓它從此安靜。

「嘣」第四晚聲音依然傳來，他緊張了，就剩三根了，誰知道全斷會出什麼事？

隔天中午，他趁太陽正烈，在海邊挑了個地方，倒了一點汽油、添了一些柴火，一把火把那個小棺材給燒了，他還胡亂燒了些紙錢，想就這樣混過去。

只是那燒的時候「嘣嘣嘣」的連三響，竟讓鐵齒的大圈仔驚慌失措的飛奔回店裡。

他看見門口的石羊、門裡的后土石，又想起了昨夜還擺在店裡的那口棺材，這裡不就活脫脫的一座墓嗎？

他再不是那鐵齒的大圈仔了，他一連做了好幾周的噩夢，瘦了一大圈，然後他決定關起了店門，從此不再搞那骨董的活。

紅眠床

鹿港有一處老洋樓，我很常去，它的建築風格在鹿港也是與眾不同的，是巴洛克式的洋樓。灰紅相間，屋子的各個角落都有不同樣式的典雅雕花，古典高尚，佔地範圍也相當寬闊。我最喜歡它的庭院，有一個小水池，碧水悠悠，水池一旁有一座木造八角涼亭，秋高氣爽時，是讀書最好的地方。

其實這裡知名度也算高，畢竟是台灣幾大名族的老宅，只是距離老街地點算遠，又加上要收清潔費，不受觀光客愛戴，因此過濾了不少遊客，讓這裡顯得格外清幽。

當然東西老了久了，就會傳出幾個怪事。

我第一次到這裡，是幼稚園校外參訪時。也不知那時的學校在想什麼，帶這麼年幼的學生來看這些老物，是有多少人能看懂，又有多少人能看出興趣來？也許就只有一個地方近的理由吧。

但我的一個同學就看出興趣來了，那興趣讓我至今印象深刻……。

洋樓內燈光並不充足，說起來還有點昏暗，但我從小就住老宅，這種光源我還算習慣。隨著老師在樓內帶隊逐一解說，一件件古物解說過去，古時的人力車、辦公桌、鏡台等等，也許是燈光昏暗，也許是解說內容太過無趣，有些同學走著走著看起來就昏昏欲睡，整個隊伍鬆鬆散散。

老師自顧自介紹著，一個老件一個老件的介紹，我一個同學便突然拉著我們幾人滔滔不絕的說了起來：「恁甘知遮間大厝有鬧鬼？」（你們知道這間大房子有鬧鬼嗎？）

那句話一說出來，旁邊幾個昏昏欲睡的同學精神就來了。也許是被嚇到吧，其中一個被拉著的同學似乎毛了起來，他趕緊說道：「汝毋通烏白亂講啦！」（你不要亂講啦！）

那個開頭的同學翹著鼻子說道：「阮才無烏白講，是真的。」（我才沒亂講，是真的。）

這位同學一說起，旁邊聽見的三五個同學就怕了起來，其中也包含我。

我小時候就是個膽小又怕死的孩子，連溜個滑梯都怕高，甚至不敢看林正英的殭屍片，這下聽到什麼鬧鬼的還得了？

只是他看眾人有些害怕，反而有些得意更是停不下嘴。他拉著眾人走到那個老物件前，停下腳步來開始他的另類解說。

他指著一旁的木造大物件說道：「遮叫做紅眠床，是古早時的眠床。」（這叫做紅眠床，是以前的床。）

「喔，是按呢啊！」（喔，是這樣啊！）紅眠床我當然知道，父親玩不少民藝，紅眠床家裡雖然沒有，但我也是跟著父親出去外頭看過的。我不太想聽他說下去，應聲完就作勢要離開，但卻被他硬扯了回來。

他扯著我的衣袖，說道：「猶未講完啦，聽講遮頂紅眠床上有鬼，有人佇遮翕相翕到，一个穿古裝的查某。」（還沒講完啦，聽說這張紅眠床上有鬼，有人在這照相照到，一個穿古裝的女人。）

一個同學聽完就急了，趕忙阻止他道：「汝真正毋通烏白亂講啦！」（你真的不要亂講啦！）

聽完當下也沒什麼，只是不知有沒有人聽過「千萬不能在鬧鬼的地方談鬼」這件事？

事情就是那樣發生的。

那時我們正要轉身離開，卻突然出現「咦啪啊～」一聲！

聲音從那張紅眠床發出，那是有人從古老木造家具起身或坐下時特有的聲音。

我們還來不及回頭看，那個說故事的同學就自己大哭了起來，其他同學拔腿就跑，我見狀也趕緊拉著那原地嚎啕大哭的同學追上。

回到隊伍，跑的當下沒哭，但一停下腳步，兩三個同學就嚎啕的哭了。

突如其來，老師也不知道發生什麼事，就算問了，也沒人跟老師解釋。興許是不敢說，又興許是沒緩過來能說，一眾人只是哭著，或沉默著。

雖然沒問出由來，但所有人還是被老師罵了。那天帶的橘子我一瓣也沒吃，我當下並沒有哭出來，但事後也青白著臉一整天，記得當天回家我還拉了肚子，可以說是被嚇得慘。

也就過幾天，父親突然跟我說他買了一些新的收藏，放在倉庫，問我要不要去看。

我說著好，那倉庫是新租的，在附近的一間老宅。推門進去，裡頭空氣實在不好，父親先走進去，他去開燈。

我摸黑慢慢跟在他身後。

「啪」一聲，燈開了。

映入眼簾。

那是一張破舊的「紅眠床」。

牙筷

父親茶桌上出現的一些朋友算是比較特別的，說他們經過大風大浪也行，有些人的人生若記述下來，不用多加修飾編撰，直接就是一個驚險刺激的故事。

記得那時我還是大學生，一次回家時在茶桌上遇到一個大叔，中等身材，剃了一頭俐落的平頭，皮膚黝黑，穿著條紋ＰＯＬＯ衫。他的眼神很銳利，帶有一絲凶芒，像是隨時都在瞪著誰，但手卻拿著一串念珠，無時無刻的持轉著，很是突兀。

聽他與父親聊的話題，似乎是些國外的見聞，說的是之前他的員工一些令人頭疼好笑的事情。我不以為意，只道大概是父親某個尋常的朋友而已。

是到他離開後，父親才跟我說起這個人。

他是個鹿港人，家裡在鹿港也算是富有，但他年輕時是個混混，時常跟人打架車拼，被抓去管訓是家常便飯。他鬧騰的範圍也大，從鹿港打去台中，當年在海線混得小有名氣。

卻是一次車拼意外，他殺了人，被警方通緝，那個時代還在戒嚴，被抓進去出不來的機率很高。

他的老父為了保他一命，安排他坐桶子[1]逃亡海外。

他這一去便是二十多年，說是輾轉去了加拿大。這一去海外他倒是收斂了許多，從了良，做起了正經生意，還做得風生水起。

他其實有個弟弟，兩人個性差別極大，一動一靜的，他跟人火拼殺人逃亡海外，他弟弟卻唸書唸得高，當了醫生，在鹿港復興路開診所。

是近年他的老父病重，追溯期也過了，通緝撤掉了，他才回來探望。

在他老父過世後，他回來台灣的次數就變少了，僅偶爾想念這些老朋友才回來。但他在台灣的朋友也不多了，當年一起混的，一些還是老流氓，時常進進出出的，走管訓像走家裡廚房一樣，一些也不知道躲去哪裡了，一些做了生意，出國去了，還有一些喝酒喝死了。這些僅剩的朋友中還留在鹿港的，父親算一個，所以他有回來便會來找父親泡茶，甚至來的時候有時還會帶些吃食小點來配茶，就當下酒菜一樣，特別的是他吃東西都是用叉子，從不用筷子，父親問過他，他說用叉子方便，只是懶，父親也不以為意，只道他是在國外生活慣了。

1 坐桶子：偷渡。

那一次他的出現，是因為他弟弟說要處理家裡的遺產，想把位在天后宮那附近的老家給賣掉，但賣了半年，怎樣都賣不掉。

「賣袂掉？好啦，阮轉來處理。」（賣不掉？好啦，我回來處理。）

就這樣一句話，他便從加拿大趕回來台灣處理房子，他賣得也迅速，才回來不到兩周，房子就賣掉了。

他跟父親聊起，父親也很驚訝，直問道究竟怎麼賣的？

他笑著說道：「阮弟講欲賣七百，一个來看的講傷貴，阮問伊偌濟汝欲買，伊講三百，阮就賣伊啊。頭一个來看厝的阮就賣掉了，哪會賣遮久賣袂掉？阮彼个小弟做啥物攏無效率。」（我弟說要賣七百，一個來看的說太貴，我問他多少你要買？他說三百，我就賣他了。第一個來看房的我就賣掉了，怎麼會賣這麼久賣不掉？我那個弟弟做什麼都沒效率。）

「汝賣得嘛傷俗！賰無到一半，汝毋較早講，賣阮就好。」（你賣得也太便宜！剩不到半價，你不早說，賣我就好。）

他搖搖頭，說道：「阮跟汝是朋友，彼間袂使賣汝，阮袂使害汝，彼間鬧鬼。」（我跟你是朋友，那間不能賣你，我不能害你，那間鬧鬼。）

他說起了這個事，說他們家很奇怪，運氣實在不好，祖產幾乎都有問題，除了天后宮那邊的老家有問題，他弟弟的那間診所也是。他總不喜歡去他弟弟的診所，甚至有人傳言他們兄弟倆不睦，但主因卻是因為那邊也鬧鬼。

他說他唯一佩服他弟弟的事，就是那間鬧鬼的屋子他弟弟竟然住得下去？

不過究竟是鬧怎樣的鬼，又鬧得有多凶，他卻始終閉口不談。

又過了一段時間，他再次出現在茶席上，這次來時他的臉色實在不好，眼神中那股凶煞換成了憔悴。

父親問他怎麼回事，他才說道，他在考慮是不是要搬回加拿大去。

這決定來得突然，父親感到意外，畢竟前一陣子才聽說他退休了，想留在台灣，有這些老友陪著才不無聊，父親本以為他之後都會留在台灣。

細問之下，才知道，原來是家裡的那些事。

他便說起了他自小家裡的事情，他也不記得究竟是從什麼時候開始的，或該說自他打有記憶以來，家裡就一直有那個習慣。

每當吃飯時，一家子圍成一桌，桌上都要多擺一副空碗筷。

而那副碗筷還有些特別，特別在那筷子。那些筷子共有十二副，筷子上半部曾聽長輩說是象牙製的，刻了十二生肖，兩兩成對，所以才有著十二副；而下半部也不知是什麼木頭製的，呈深褐色，上有鑲貝的雕花，非常精緻。平常家裡是不用這些筷子的，只有那副空碗會擺上，日日不同的十二生肖，再就是有祭祖時或普渡祭拜時會拿出來。

雖然他父親的朋友有人懂象牙，說了那套筷子不是象牙製，而是不知什麼的骨頭製的，並不值錢，但因為是祖傳之物，家裡沒動過想變賣的心思，所以也不特別在意。

他知道那副空碗筷似乎很重要，長輩總叮嚀不到吃完都不能動，小時候不以為意，是到漸漸長大了他才開始疑惑，那多的一副碗筷究竟是為什麼？問了家人，只道是給祖先用的，他雖覺得奇怪，卻也沒放在心上。

進入青少年，他開始叛逆了，總跟狐朋狗友到處蹓躂，打架生事，也不愛回家，更別說回家吃飯了。

是一次他在晚上時回家，一家人正在吃飯。他晃著就要進房間，他的老父起身罵他，對他說教，念他回到家不叫人，也不吃飯。

他覺得不耐煩，卻也不想聽父親繼續念下去，便來到飯桌，隨手抓起了桌上的那副空碗筷，隨意夾了幾個菜，想隨便扒扒就算是吃過了。

誰知他才開始夾菜，餐桌上的眾人卻都陷入安靜，他覺得不對勁，便抬頭環視。他發現除了他年幼的弟弟外，其餘比他年長的家人都用一種驚恐的眼神看著他。

但這時的他是個叛逆的少年，心裡覺得怪，卻是看不起這眾家人，也不管家人們驚恐的表情，自顧自隨便扒了幾口，甩下碗筷就打算回房去。

是他平時話就不多的爺爺突然怒道：「汝給我徛著！是啥人講汝可以磕彼副碗箸？」（你給我站著！是誰說你可以碰那副碗筷？）

他爺爺平時話並不多，對這些孫子輩的都算很好，這突然發怒他也是嚇了一跳，但正值叛逆的他脾氣正倔，那怕是爺爺，他也不看在眼裡，直直就進了房間。

那時的他並不知道，他這一轉身，家裡要鬧出多大的風波。

但從此他便知道了，那副碗筷，從來都不是擺好看的。

當夜，躺在床上，他本不是個淺眠的人，只要有床有枕，輕易就能一覺到天亮。但那夜他罕見的失眠了，總覺得心神不寧，反覆輾轉，好不容易快要睡著，卻是突然痛醒。

他只覺得他的左臂被人捏了一下，忙起床開燈查看，確實發現他的左上臂有道清楚的痕跡，細看來像什麼？

竟像是被什麼細長物給夾了一下。

這下他完全睡不著了。他雖懷疑是不是他弟弟來鬧他，但卻失望的發現房門是鎖的，所以他想著，夾他的怕是別的什麼。

他睡又不是，不睡又不是，家裡整個待不下去。他從床的一頭抓來一件外套套上，準備起身出門，卻在以右腳去勾拖鞋時，踩到一個異物。

低頭一看，是一支筷子，他家的牙筷，就在他的拖鞋裡。

他瞬間起了一身的雞皮疙瘩，這個家他從小住到大，卻是到今天才知道這個家裡，不乾淨。

他急忙踢開那支筷子，穿上拖鞋，就出門去了。

那時候的鹿港有許多地方都是熱鬧直接一夜到天亮的，他想去找有人氣的地方，想去找他的那些朋友。他的朋友這時定在某處某攤喝酒，定是要喝到天亮，並不難找。

自那之後，他更少回家了。

後來便是跟人家車拼，意外殺了人，然後逃去了國外。

如今他在台灣的住處，是租來的，屋子很新，是間透天厝。有過家裡老宅的經驗，他對屋子總是很留心，要租前還特意打聽過，知道屋子乾淨才安心的租下。

祖產處理後，他打算之後要定居台灣，便把公媽牌位請去了新的住處，但都還過不到半年，這新的租屋處竟也開始不安寧。

至此他才意識到，當年家裡的不乾淨，並不是「家」的不乾淨。

起初是發現回家時門沒有關，他以為是房東來過，還打電話問了房東。但房東人並不在鹿港，遠在高雄，也說都沒有回來過，還關心問他是不是遭了小偷？

他檢查了下，並沒有發現財物丟失，只道也許是自己粗心忘了關門。

但漸漸的事情愈來愈不對勁，直到那晚回家，他在玄關的地上看見了那樣東西，那無比熟悉的東西，他才確信家裡出了問題。

那熟悉的東西是那支筷子，一支筷子，不是一雙，而是單支的筷子。

他自以前那夜的事情後便不用筷子，去國外那麼久更是習慣了。因此家裡也沒有尋常的筷子，只剩以前家裡祖傳的那組牙筷，也是那組筷子非常精緻，又是祖傳，他才特地留下做個念想，連公媽一起帶回來，而如今卻是詭異出現其中一支。

看到這一幕，他哪還會不知道，那不乾淨的東西，被他跟公媽一起給請回來了。

從此，家裡的東西會在人不注意時被移動，筷子會時不時地出現在各處，甚至有時候跑到床單裡，讓他躺下時壓到，或跑進鞋子裡，讓人意外的踩到，像是惡作劇，令人煩躁。

他耐不住，只得恢復家裡的傳統。雖只有他一人，但吃飯時也會額外擺上那副空碗筷，至此，家裡的怪事才消失。

雖然那些怪事暫時消失了，但他的心卻沒有靜下來，身邊有這樣怪異的存在，讓他心力交瘁。他沒有一天能夠睡好，總想著下一刻，是不是手又會被夾？總擔心著那個存在還會鬧出什麼其他的事情。

最後他才又動了回去加拿大的心思，畢竟那些年在加拿大的日子，是如此平靜。

添壽

從鹿港老街為中心，往南過去，有一處叫烏魚寮的地方，在古時是一片浮嶼，即今洛津國小一帶；那邊還有個有名的金銀廳，臨著舊港溪，那一區叫做菜園。

父親茶桌上時常提起菜園的事，說得特別的多。因為那個家父親一直住到國小五年級，這才搬去了五米路，他對那個家的印象就是特別的深刻。

一次茶桌上一個友人說起一個特別的習俗，應該說是禁忌，說是遇上老人家跌倒，比其年輕的人不能去扶，這一扶會折損陽壽。

父親就想起了在菜園時也遇過，而且那件事還牽扯著一絲的詭異。

菜園那邊臨著舊港溪，又稱舊溝、舊港溝、鹿港溪、鹿仔溪，雖然有多個名字，但其實說的都是同一條溪。

在那舊溝附近有戶人家，那一戶有些特別，那戶宅子是低於馬路面的，前庭有個斜坡，裡頭住了個九十多歲的老先生。那個老先生偶爾會在河堤邊上散步，附近的孩子都認得他。之所以認得他，是因為那老先生時常都會走上斜坡，在家門斜坡上，也就是路邊擺攤，賣些小東西，例如糖果、餅乾、剎牌仔[1]還有小玩具，所以很受附近小孩歡迎，自然小孩們都認得他。

一次父親在舊溝附近走著，突然發現一個人在那河堤下趴著，地上還有些血漬，差一點就要掉進水裡，細一看正是那個老先生，看起來是從河堤上滾下去的。

父親本來很緊張就想去扶，但想起大人的叮嚀，說是小孩不能扶跌倒的老人，一扶就要折壽，便急忙跑去叫喚老先生的家人。

老先生有個兒子，平時在玉珍齋前，長源醫院旁的空地做人力車、驢仔駕[2]，替人拉車運貨，平常沒有生意時都等在那裡，也算好找。父親不一會兒就把人給找來，救起了老先生。

那時代的人娛樂不多，事情上午發生，下午八卦就傳遍了半個鎮。許多人都以為老先生那一下跌得不輕，九十多歲的老人了，滾下河堤「這聲腫頷矣（這下慘了）」，不死也要半條命了。

但事實卻不符眾人的猜測，老先生奇蹟的只有些擦挫傷，整體並沒有大礙。鄰人嘖嘖稱奇，開始想起了他家獨特的供奉。

附近的小孩雖然都挺喜歡這個老先生，但是老先生沒有出來擺攤時，想買糖果餅乾的孩子卻是少有人敢去他家敲門，只有幾個鐵齒膽大的孩子敢去敲門買糖。

因為這老先生的家有些詭異，有一次老先生沒出來擺攤，父親想買糖，所以去過那麼一次。

父親一進入他家，就聞到一些薰香、一些什麼燒糊的味道，但這很正常。那個年代家家都有公媽壇、神明桌，日日焚香也正常，令人在意的是他家入門就是一片黑，平常陽光也灑不進去一絲。許是為了省電，裡面竟是一盞電燈也沒有裝，所以看不出內裝、看不出大小，唯一一個光源就只有擺在地上兩道長年不熄的微弱燭光。

但那燭光能照亮什麼？

父親摸黑進了屋子，叫喊了幾聲老先生都沒人回應，迎著地上的燭光就好奇的去探探。他注意到地上那兩支紅燭的中間還放了一個小香爐，兩支紅燭與一個香爐，這明顯是個小小的祭壇，但祭的是什麼？竟然只放在地上？

1 剝牌仔：抽牌子，古早柑仔店、玩具店的抽獎遊戲，可抽糖果、玩具等，受孩童歡迎。

2 驢仔駕：指兩輪拖車。

父親順著燭光看去，那燭光之後，唯一照亮的是一只漆黑的大木箱，那只木箱內是筆直的長方，有一人高，外頭的邊緣有些弧度，又看到那木箱旁放置的巨大木板，父親的心裡瞬間冷了下去，一口氣提了起來，頓時這漆黑的環境壓抑了起來。

「囡仔兄。」（小男孩。）突然父親的身後一道聲音響起，隨著聲音一隻大手就搭上父親的肩膀。

父親被這一搭，身子哆嗦了一下，幾乎驚叫了一聲，顫顫巍巍地回頭一看才發現是那位老先生。

老先生笑著問道：「欲買糖仔嗎？阮今日腰痠，無擺攤頭，來，汝欲買多偌濟？」（要買糖嗎？我今天腰痠，沒有擺攤子，來，你要買多少錢？）

「五……五角銀。」父親發著抖說道。

父親握著糖，直到走出屋子，才開始細想剛剛的事情。

那並不是一只尋常的黑木箱，而是一口長年受香燭油煙燻製得漆黑的棺材。

老先生家裡詭異的祭著一口棺材，一口空棺材，一口不知放了多久的空棺。

父親將這件事按在心裡，回到家總猶豫著要不要將事情說給大人聽，惶惶不安，那新買的糖都沒心情吃了。

是父親的長姊發現父親的怪異，一問之下父親才把事情說了出來。

大人聽完也沒說什麼，只是笑笑的，彷彿這件事情很正常似的。

是後來父親才知道，原來家裡祭棺的人不多，卻也不少，算是種罕見的信仰。在鹿港家裡有供著棺材的，可不只老先生一家，說祭棺能長壽，棺要紅棺，祭要豎祭，豎祭壽材，添福添壽。

只是這祭棺壽燭香火不能斷，斷了就是斷壽，是為大忌，久而久之，一口紅漆大棺就給燭火香油燻成了黑棺，不知這習俗的人初見，大概就會同父親當時一般，被嚇得不輕。

而這祭棺習俗究竟是不是怪力亂神不得而知，但後人卻知，那老先生活到了一〇二歲高齡方才壽終，成為鄰人異談。

香珠

自古茶禪一家，茶桌來往各色人中，自會有些修行人，不論是和尚尼姑，甚至是道家修士都出現過。家父的茶桌是張神奇的茶桌，能罕見的看到不同宗教的信奉者坐在一張茶桌上話家常也不起爭執。

但就算都信同一個宗教，也有各色各樣的，畢竟是人，一樣米養百樣人。就信佛來說，有活潑心善的和尚，一進門就匆匆抱著我家門口的東西進來，大聲嚷嚷道：「頭家，汝物件毋通囥外口，會去予偷提去。」（老闆，你東西不要放外面，會被偷拿走。）

亦有穿著樸實僧袍，總表現得雲淡風輕、與世無爭的。是一次聊及了玉，他當場捲起寬大袍袖，直接用戴滿一手的玉鐲來講解做教材，不論是白底青、三彩、冰種等等，他都戴全了，一手臂所戴，就超過百萬，任誰也猜不到，在那樸實的僧袍下，竟是一個如此驚人的富貴和尚。

而說及這些出家人，他們出家都有各種原因。這張茶桌是說故事的茶桌，熟稔了，他們自會說起自己的故事，有的是家裡遭逢鉅變，看透了世事；有的是受人提點，進而遁入空門；有的則是有異於常人的體質，只是為了尋求平靜。

記得那個中年和尚出現在茶桌上已經有段時間了，少說也有一、兩年。他不是鹿港人，甚至不是中部人，是中部有辦法會或活動，他就會順道繞來泡個茶，聊個天。他大概說過他的故事，他是道地台東人，出家十多年，出家前做過好幾種生意，賣過車輪餅、賣過燒烤、做過工廠、也跑過業務。

他一直沒說他出家的原因，茶桌上自也不會有人冒失的問這個問題。

有次他在場時，茶桌上剛好來了個較為陌生的客人，那人是在鹿港五米路一帶做臭豆腐生意的，那時那附近還也不成市，僅一家便利商店，此外多是住宅。但就因為他那一攤臭豆腐，晚上竟是熱鬧了起來，他知路來家父的茶桌，還是住那附近的奶奶與他閒聊時介紹的。

他為人和善，總笑臉迎人，話不算多，就坐在席上，聽家父跟那個和尚聊起木頭，說起了奇楠沉，談到了老山檀，他這才插話說道，他也有玩一點，只是他玩的是手珠。

他喜歡各色木珠串，尤其是老件，那種人家養了多年，包了漿、有了皮殼的老件，說是觸手溫滑，有的還有別於原木的異香。

說著，便把他手上的那串手珠脫了下來，給大家看看。

父親接過手看了看，把它遞給坐在對面的和尚。

那和尚接過手，看了看，隨即笑了笑，說道：「遮揞袂穤，老件，有年頭。」（這串不錯，老件，有些年頭。）

也許這臭豆腐大叔受了誇獎得到些成就感，從此每當他得了好物件就會跑來茶桌上說嘴。他也不是要賣，而只是要現寶，像希望大家多誇獎誇獎他的眼光。

其中有一次臭豆腐大叔出現時剛好那和尚也在，他便開心得急忙要掏出最近收到的珠子來現寶。茶席上另一個常出現的鹿港當地大地主見到他正現寶就說道：「你那些破珠子有什麼好炫耀的？」

其實那是大地主不懂行，木珠雖然市場上極多，用的人也不少，但是要挑到好品項的老件還是有些難度的，尤其是沉珠，動則數千、數萬都可能。

但那大地主說的話大家也不介意，在場的人大多都知道，這老人家雖然富有，卻是從不碰這些藝品類的東西，不懂行也是正常。

就連一旁的那個和尚也是笑笑不語。

臭豆腐大叔也不多說，見那和尚在場，神神祕祕的從懷裡掏出一串手珠。那串手珠還用夾鏈袋裝著，見他小心翼翼的打開夾鏈袋拿出手珠，精心的搓了幾下，還聞了一下，說道：「這揞有一个神奇的芳味，恁鼻看覓。」（這串有一個神奇的香味，你們聞看看。）說著便遞了出來，看這架式，那大概就是他今天要現的壓箱寶了。

和尚接過那串手珠，才觸手，他身體就劇抖了一下，急忙把珠子放到桌上，嘴裡喃喃唸起了經文。

茶席上的眾人都給這突如其來的一幕給嚇了一跳，不知發生了什麼事情。

我跟父親都沒有去碰那串手珠，只是仔細瞧了一下。

那串手珠不知是什麼木頭，上頭早已包漿、掛瓷，色澤均勻紅潤。通常老件手珠也僅有外側與手接觸面較多的地方能夠如此，而此手珠連珠孔周遭都能均勻紅潤，若不是刻意作手，便是前主非常用心溫養這串手珠。然而這串手珠給人的感覺和諧自然，那些掛瓷、包漿並不顯得刻意，是作手的機率極低。

當下就連我都知道，這串手珠必不會太便宜，儘管我還不知道那是什麼木頭製的。

和尚的經文沒有唸太久，手珠的主人也沒有開口問，只是一臉疑惑的看著他。

和尚緩了緩，才搖搖頭開口說道：「遮揞珠仔，有非常重的惡念，非常重的煞氣，是無清氣之物。」（這串珠子有非常重的惡念，非常重的煞氣，是不乾淨的東西。）

臭豆腐大叔驚訝說道：「真誠抑假的？師父汝莫給阮騙呢。」（真的假的？師父你不要騙我耶。）

和尚搖搖頭，不再說話，臭豆腐大叔皺起眉頭，現場安靜了下來，也許他覺得尷尬，便收回那串手珠，道了句先走了，就起身走了，留下現場眾人。

父親看向那和尚，一臉疑惑，大概也在想著和尚說的不知是真是假。

和尚嘆了口氣，說起他當年出家的原因，說他自小就有特殊的體質，並不是能看見，而是能感受到一些，別人感受不到的事物。說的玄一點，就是人家說的氣場或是邪氣，他說沾染這樣氣息的人特別容易遇上事，而這些事情又總在他身邊讓他撞見。他也是不勝其煩這才出家，僅是為了尋求一絲安靜。

大半年過去，沒再見過那臭豆腐大叔。一次我回奶奶家，跟奶奶聊起，奶奶才說，那個臭豆腐攤已經沒有了。那位賣臭豆腐的先生，前一陣子出了車禍，說是推著攤子要擺攤時被車撞了，攤子的東西撒了一地，還有不知哪來的一堆珠子也撒了一地，幾輛機車過去時也跟著摔倒了，而臭豆腐大叔他人當場就沒了。事情之後他的老婆沒有接手他的攤子，似精神出了問題，出了家，去當尼姑，而他的小孩則被社會局接走安置。

可以說是家破人亡。

奶奶說著，也不斷的搖頭嘆氣，說賣臭豆腐的先生人很好，還教她做泡菜，怎麼就這麼歹運，一場車禍人就沒了。

而我則是想起了那天和尚說的「遮掯珠仔，有非常重的惡念，非常重的煞氣，是無清氣之物」。

（這串珠子有非常重的惡念，非常重的煞氣，是不乾淨的東西。）

臭豆腐大叔會不會是沒有處理掉那串手珠？

參・舊事

赤嘴

天色漸紅，夕陽西斜，潮退如簾，一掀數里原，竹排擱沙，稀落的海牛車或三五人影蹣跚走去，不同那些搭漁船、竹排出海的，那也是討海人。

腳踩撻米仔[1]，腰繫一竹簍，手握沙耙子，嘴咬手電筒，雖然簡單，卻也就是那些討海人僅有的工具了。

他們不是去抓魚，是去「掘赤嘴」。

約民國七〇、八〇年代，那時許多家庭主婦雖不是專業，也偶爾會去「討海」，也許掘個一斤、兩斤，拿去菜市場兜售，也多少能貼補家用。

我知道奶奶當年也跟著去「掘赤嘴」過，卻也不知那般詳細。前些時候與奶奶茶敘，她再提起這段往事，雖然當年的鹿港沙岸現今已填做工業區，此景已不在，但說來仍歷歷在目，奶奶也不禁悲從中來。

那時我還小，奶奶常跟鄰居幾個婦人一起去海邊掘赤嘴。有時有養蚵人的海牛車，就搭順風車一起去，有時不恰巧沒遇上，就一夥人一起走去，而掘到的赤嘴一些拿去賣，一些給家裡加菜。

奶奶掘了幾十次都很順利，但順利不會一直持續，終是有一次出了一點意外。

一個鄰居婦人叫阿嬌仔，奶奶與她相熟，兩人同齡，是多年好友，她們會相約來掘這赤嘴。那天她們也一起去海邊掘赤嘴，掘得差不多，她提著竹簍，邊收拾著工具，邊對著奶奶說道：「差不多囉，好翻頭了。」（差不多了喔，該回頭了。）

奶奶依舊掘著、撿著，那天的收穫特別好，掘的赤嘴又大又肥，應該能賣個不錯的價格。她也不看阿嬌仔一眼，嘴裡回道：「好，恁先轉去，阮這搭掘完就走。」（好，你們先回去，我這裡掘完就好。）

鄰居婦人收拾完畢，說道：「按呢阮先來走了，汝緊咧喔。」（那這樣我先走了喔，妳快一點喔。）

奶奶沒有回答阿嬌仔的提醒，依然繼續彎腰掘著。

---

1 撻米仔：踏米鞋，用於農耕、涉水、溯溪的鞋子。

而就這一個「繼續」竟是出了問題。

她發現時，海水已經淹到腳踝，奶奶趕緊收拾了東西便要往回走，但海水來得太快太快，才走一小段，一下子水便到腰來了。有著水的浮力與阻力，這一來走得又更慢了，步伐愈來愈重，奶奶開始慌了。

這時前方一位也是來掘赤嘴的老伯伯見狀，回過頭來拉著奶奶一起走。兩人走沒多久海水便已經來到胸口，上到胸口的海水竟是會來回的拖著人，那是潮去潮來，兩人受潮水影響才前進幾步就還要被沖退幾步，幾乎是寸步難行。

不久，水淹至兩人頸脖，人就漂了起來。腳踩不見底，奶奶又不會游泳，這時又驚又慌，但好在這位老伯水性不錯，便游起泳來，眼看著海岸在前，兩人卻是愈游愈遠。

那是離岸流，無情的離岸流。

老伯也算冷靜，也不游直線了，迂迴游了一大段，終於死拖活拖的把奶奶拖上岸，這才有驚無險。岸上有許多人都看到兩個人在海上漂著，一早就在旁邊緊張著，還有人報了警，想著要怎麼救人。好在兩人終於無事游回岸上，上岸後老伯只跟奶奶說了句：「偌濟人討海一世人，最後去予海討去，記著，千萬毋通貪掘。」（多少人討海一輩子，最後被海討了，記著，千萬不要貪掘。）便走了。

奶奶緩過來後才想起，這位老伯眼熟得很，在菜市場賣赤嘴時常遇到。他是天天在菜市場賣赤嘴的老伯，是專門以此營生的專業討海人，而今天竟是恰巧救了她一命。

後來奶奶在市場遇見他也會和他閒聊幾句，甚至與他老婆女兒一家子都熟了。

就這樣數年後，有一天早上，奶奶在市場沒有看到這位老伯，一時覺得奇怪，便問了附近攤販一個還算相熟的賣菜婦人。

那賣菜的婦人想了想，說道：「有啊，頭拄仔天猶未光時猶有看到呢，直直念啥物毋通貪掘，毋通貪掘，這馬毋知去佇囉。」（有啊，剛才天還沒亮時還有看到耶，一直念什麼不要貪掘，不要貪掘，現在不知道去哪裡了。）

奶奶猜想會不會是老伯生病，或是他家裡有什麼事，今天耽擱了，得去他家看看有什麼能幫忙的。只是來到他家才發現他家裡一個人也沒有，雖然覺得奇怪，卻也不能怎樣，這一事就暫時沒擱在心上。

但當晚便從鄰里那聽說，那位老伯昨天傍晚去掘赤嘴便沒有回來，早上去他家裡撲了個空是因為家人都到海邊找他去了。

就這樣找了三天，那位老伯再也沒有回來。

奶奶突然想起，那天早上她問那個賣菜的婦人，那婦人說有看到老伯，而且還跟她說了話，但前一晚老伯便已經沒有回家，那她看到的究竟是人是鬼？

沒有答案，只是「偌濟人討海一世人，最後去予海討去。」（多少人討海一輩子，最後被海討了。）這句話至今仍縈繞在奶奶腦海裡。

魚精推堤

坊間怪事、難解之謎、無頭公案、天外奇聞，這些話題從不曾消散於人嘴，只是一件換過一件，舊的忘去，新的填補，容不得一時嘴閒，自古皆然。

曾經外星人、古文明、奇異現象的話題風靡電視圈，也許人們想逃避現況，所以尋求未知，所以哪一個怪事沒人爭相探知、討論？如若探索異聞能減輕人生一時苦痛，令人有期望希冀，又何樂而不為？

當紅流行什麼，茶桌上自然談起什麼，自古茶桌異聞不斷，竟是人性、竟是社會造成。

記得那時我仍是個大學生，放假與父親在茶桌上話家常。沒有外人時，泡茶就是配電視，總習慣看一些新奇話題的節目，那時電視上正討論著國外某地曾發生的巨石神祕移動事件，電視上的來賓紛紛說著各種可能，竟是百年無定論。

父親似突然想起了什麼，對我說道：「咱鹿港嘛有類似遮款代誌，透半暝一堵鰻魚池的駁岸家己走百米去，一時轟動，誠濟人包遊覽車來看。」（我們鹿港也有類似這種事情，大半夜一堵鰻魚池堤防自己移動了百米遠，一時轟動，很多人包遊覽車來看。）

我驚問道：「誠的嗎？遮爾神奇？佇佗位？」（真的嗎？這麼神奇？在哪裡？）

細細追問，原來事發已久，父親也不記得那麼詳細，只說當時他還小，自己幾歲都不記得。發生的地點離老家很近，那時他曾騎著腳踏車去現場看過，人很多，很熱鬧，但要知詳細，我可能還得問別人。

事後，我去詢問了幾個熟識的長輩，甚至在地方社團跟一些老鹿港人討論，竟是真的有這件事，只是年代久遠，大家記得的都很片面，是綜合了大家記憶的片段，才將事情了解了個大概。這件事情在鹿港流傳著數個版本，也大多也只有老一輩人才知道。

查了報紙資料庫也沒有相關記載，或應該說報紙資料庫沒有記到那麼久前的資料。

有人說發生時間是在八〇年代左右，但大部分的人記得是在七〇年代左右，大家記得的時間兜不太上，但可以確定的是，事情發生的時候我還沒出生。而地點是在鹿港鎮東崎里鹿東路上的一處鰻魚養殖池。

那時台灣百業正興，鰻魚養殖也興，在一個靜謐的夜，誰也不知竟會迎來這樣事態。夜半突然轟然巨響，偌大的鰻魚池決堤，魚堤走、池水乾、農作毀，動靜極大，瞬間驚動四周住戶。

那魚堤竟自走平推了近百公尺，硬生生搗毀了一旁的農田。鄰里驚奇駭然，隔日媒體爭相報導，事情上了報、上了電視新聞、來了專家、來了學者，紛紛分析討論起原因。

一時輿論四起，吸引了全台遊客爭相目睹奇觀。人來了，商機便也來了，八方攤販集聚，現場光賣香腸的就有二十多攤。鰻魚池遺址邊竟匯成了一個不小的市集，一時人山人海，天天把鹿東路擠得水洩不通，好不熱鬧。事情輾轉延燒數月，可說在台灣轟動一時。

至於事件究竟是怎麼回事？

有學者說是水壓推堤，但說水壓能推出一個裂縫宣洩還能信服人，真能單向的推動魚堤百米卻是無人相信。

有教授說是沼氣炸堤，但要將碩大的魚堤炸飛百米，那需要多大量的沼氣？那個魚堤有辦法匯聚這般的沼氣量嗎？

有專家說是地震地滑，但有這麼小規模的地震地滑嗎？且不說那是在平地不是坡地，方圓百里的住戶皆沒有感覺到任何地震，難道地震能只震一個魚堤大小的範圍？

諸多推論，卻沒有人能完全解釋魚堤如何能平整的推動近百米。

反而是民間「魚精推堤」的神鬼之說更多人相信傳誦。

原來那時的台灣正紅六合彩，問牌風氣興盛，一時大小廟林立，多神扶起，多神遭難。不靈的神廟被搗毀放水流去，心善的信眾又在他處撈起建廟供奉，信眾又聚，有人發願有人還願，廟的興衰更迭從百年時程縮短至數年。

這處魚池邊不知何時起了間魚精廟，也許是養殖業者建廟欲祈求漁業興順，但卻不知究竟是誰起的廟，往來香客稀疏，雖鮮少人知，卻也有固定一小群信眾在此問牌。而那廟卻在此次推堤事件，一夜之間遭搗毀消失。

民間流言，相傳有信眾發願未還、惹怒魚精、神跡顯現、毀堤棄廟，鄰里無不嘖嘖稱奇。甚至有人說，毀堤的當夜，他見如龍長魚，沖天飛去，一去不返。

事過約三十春秋，前些年我還去現場看過，遺址仍在，只是近年似乎已鏟平建樓，一代傳奇軼事漸漸被世人遺忘，不勝唏噓。

危水

這是約距今五十年前，一九七〇年左右，我父親還很年輕時的故事。

從鹿港、福興出去的那員林大排，那時還不是如今的台七十六線，沒有平整的馬路，大排邊是一個個的米粉架延去，風過，是米粉的白波起伏。

這裡是產米粉的大聚落，那時的空氣好，沒有什麼汙染，米粉都是那樣曬著、吹著。

那樣自然曬成的米粉特別好吃，聽說有陽光的味道。

那時的一些孩子會在夏天時下大排去玩水嬉戲。那下水玩的，那時才十幾歲的父親與華叔叔都是一個。

大排說淺不淺，說深不深，一些淺的地方腳踩得到底，深的地方則可以從橋上玩個跳水無礙。尤其是那涓涓漫流，冰涼沁人，摸得出拳頭大的蛤蜊，釣得出活跳健康的各種魚，可以放蝦籠，可以捉螃蟹。

所以下水的孩子上岸多少會帶些水產回家，有的還順便幫米粉廠收米粉，帶米粉回家，當然米粉廠不知道，於是孩子們家裡的晚餐就多了菜。

當時的大排，水是清澈見底的，唯兩旁水草蔓生，藏了許多東西，一個不好就會絆住人，那是特別危險的地方。

其中有一區水草蔓生最多，有豐富的魚群，水也不深，是孩子們最愛去的地方。

一日父親與他的玩伴們正在水中戲水，突聞岸上大人們呼喚喊叫。

一群孩子靠岸去聽大人們在說什麼。

一個大人問道：「恁甘有看見啥物物件流下來？」（你們有看見什麼東西流下來嗎？）

眾孩子：「物件？」（什麼東西？）

眾孩子搖搖頭，在這玩了一晌午，沒瞧見什麼東西流下來。

不過大部分的孩子根本沒意會到大人們究竟在說什麼。

只是那些大人的臉色不好看，有的人還有些焦慮。

即便孩子們回答沒有，那些大人也沒自顧自的放棄，一些人拿著長長的竹竿，開始撥弄起岸邊的水草。

有些大人也下水了，他們很認真的到處找著。

他們針對這裡找，也是有些道理的。上游水深且急，唯這段水草多且緩，真有東西流下來，被截在這裡的機率是挺高的。

幾個孩子見熱鬧，也學著大人模樣找了起來。

有些孩子潛進水裡找看，有些孩子去摸那岸邊的水草，一眾人找了好一會兒。

有些孩子覺得不對了，其中一個是父親。他看見岸上有警察，那個時代的警察，是警察大人，孩子不乖都會被家長嚇唬要讓警察大人抓走，所以孩子都怕警察。

父親拉著華叔叔，說他覺得事情似乎不太對，想上岸回家，不想蹚事。

但說這句話時已經遲了，一旁有個孩子突然大叫。

父親認識他，他們總玩在一起，是個綽號叫悾大頭的孩子。

他因為有個比同齡孩子還要大的頭，又常傻愣傻愣的，才得了這個稱呼。

四周的人聞聲，都靠了過去。

悾大頭不是溺水，他還很有活力的呀呀呀亂叫。他腳是踩得到底，只是看起來像被水草纏著腳，一個勁的亂抽，但孩子的力氣有限，大概是抽不出來。

附近一個大人見狀，怕這孩子危險，就過來抱著他，要幫他拔出腿來。

只是那大人竟也是拔不動。

悾大頭見狀更是呀呀的亂叫。

好幾個大人湊過去，費了九牛二虎之力，是死揣活拖。

突然「噗嚕嚕嚕」一聲響起，隨著悾大頭的腳被拔起，一大串纏著大量水草泥巴的物體也被扯出。

眾人驚呼。

那不是別的，是一個人。

應該說是一具。

一具渾身泥濘，纏滿水草的「水流屍」。

讓一眾人尋了四天的水流屍。

祂被扯出水時，雖被汙穢雜物覆蓋，卻仍能見那雙瞪大渾濁的眼睛，與張著的大嘴，那是彷彿要吞下一切事物的可怖驚恐表情。

悾大頭見狀，臉色發青，這下他叫不出來了，因為根本不是什麼水草纏著他的腳，而是那具水流屍的右手死死抓著他的腳不放。

一旁一個大人要掰開那隻手，但是那手握得極緊卻是掰不開，折騰好一陣子，直到其中一個幫手的大人大喊「尋著了！」。

那緊抓著的手這才鬆開。

再一看，那表情沒變，卻給人感覺不是可怖驚恐，而是鬆了一口氣的樣子。

也許是眾人的錯覺吧。

水，本質是可怕的。

其實這員林大排奪走的命不少，父親後來在那邊遊玩亦曾差點栽了，幸好是一個路過的老外省人即時跳下大排救了父親。

父親也是自那時候起才認真學游泳，而我則是自小就被父親強迫學游泳，還國小就要我游五百公尺，大概也跟父親當年鬼門關前走的那遭有關。

現在路過那些大排、溪流，一旁可見掛著的救生圈，那簡單看似無用的東西，一年可是平均能救起兩條人命的偉大存在。

在這裡勸各位茶友，有機會的話學個游泳，那是能自救的技能，要玩水請到有救生員的合格泳池，切勿讓小孩去溪邊戲水。

年年都有孩童溺斃的新聞，那都是不該發生的悲劇。

下人房

記得罕有的一次，是外婆也在這張茶桌上喝茶，外婆平時是不喝茶的，能出現在這實是罕見。那時我剛好提起我小時候被紅眠床嚇到的經歷，父親笑笑的說那紅眠床拍到鬼的事他也有聽聞，還看過那照片，是個穿繡花紅旗袍的年輕女人。

外婆聽起這經歷，便說了起來，說起當年外公的事情。

而那事竟是有些關聯。

外公早已經不記事了，年輕時是醫生，卻摔倒，摔壞了頭，人差點就走了，是靠他那些當醫生的同學硬是施救，從鬼門關前搶了回來。好是好了，還認得人，卻是許多事情都忘了，腦子不好了，許多反應都慢了半拍，醫生自是當不成了，只能做些簡單的工作。

雖然他許多事記不得，反應也慢，但有些事也許就是太過違常了，他竟是記得清楚，事過多年偶爾還會自己講起。

當年才三十幾歲就把腦子摔壞的他，能做什麼工作？

那時他便去文物館應徵做剪票與守門，給遊客剪票、給文物館顧門。工作簡單規律，雖收入不多，卻也是筆收入，還供住，說得上優待兩字。

那時館方安排他住的地方，是一閩式街屋，說是以前的下人房。下人房位於本宅的左側，紅磚黑瓦建築，相較本宅就粗糙得多，說是下人房，其實也算大間，只是不知道當初住了多少下人。

外公那時去應徵時正值炎夏，外頭太陽毒辣，本還擔心住處會太熱，但裡面卻比開了冷氣還涼。也許是古時屋子結構的關係，屋內也不聚熱氣，不時還吹來涼風陣陣，卻也住得還算舒坦。

他還有另一個同事，叫常伯，也住這，算是前任的剪票，年紀已經大了，就待交接給外公就要退休了。

外公上班的第一天，常伯問他：「汝八字重嘛？」（你八字重嗎？）

也許八字這個詞，對腦子受過傷的外公實在太難，外公只是皺眉頭，沒聽懂他的意思，又或是聽懂了，只是要想一下。

常伯也有聽聞外公的狀況，也知道問不出什麼結果，就自顧自開始交代起工作的事。

外公一路點頭應聲，也不知是有聽懂沒聽懂，常伯介紹到一半，外公突然說道：「八字……阮記得阮八字毋是誠重，較輕。」（八字……我記得我的八字不是很重，比較輕。）

常伯一愣，也不知那問題是問了多久，外公竟然這時才想起來要回答。

常伯搖搖頭，張口本來想說些什麼，愣了一陣子，吞了回去，就沒打算再說，又繼續介紹下去。

常伯知道，外公大概沒辦法在他第一次介紹就把工作全部記熟，可能接下來的幾天都要一直重複介紹。

常伯也算有耐心，工作的事不厭其煩的重複講解，十幾次後外公總算是記得清楚了。

工作交接後，常伯也正式退休，搬回家去，於是外公來到第一次獨立上班的日子。

第一天都還算順利，遊客也不算多。應該說，文物館的遊客一直不算多，總是稀稀落落，三三兩兩，偶爾有輛遊覽車還是哪間學校的校外教學，人才會多一些，熱鬧一些。

所以外公的工作還算悠閒，也就是顧在門口剪票而已，大多的時候都是在等，等那些不知何時上門的遊客。

外公也許是腦子不好，話也不算多，罕會主動找人攀談，是那顧售票亭的中年婦人，顧著無聊，偶爾會找外公攀談兩句。

中午時，外婆會送便當來，跟外公一起吃。外公愛吃滷大腸，所以偶爾外婆便會買一點滷大腸，往便當裡面加個菜，那便當裡就會出現幾塊香噴噴的滷大腸。

外婆自己是不愛吃滷大腸的，看著外公吃那滷大腸吃得津津有味，不禁喃喃說道：「毋知汝是安怎遮爾仔愛呷大腸，彼大腸若是無洗清氣，會有豬屎味呢。」（不知道你為什麼那麼愛吃大腸，那大腸如果沒有洗乾淨，會有豬屎味呢。）

外公邊吃著，邊笑著說道：「大腸無豬屎味號做大腸？」（大腸沒有豬屎味叫做大腸？）

外婆無語，嘆了口氣，默默的看著外公慢慢吃完那個便當，吃得精光。

待到外公吃光了，外婆才又問起外公在這邊工作的情形。

問說外公自己一個住在這裡會不會無聊。

畢竟常伯已經搬走了，那些其他的館務人員也都是尋常上下班的，並不住這裡。過了閉館時間，就只剩外公一人，定是會孤單無聊的吧。

外公想了想，說道：「袂啦，真濟人啊，真鬧熱，隔壁嘛有蹛人，袂孤單無聊啦。」（不會啦，很多人啊，很熱鬧，隔壁也有住人，不會孤單無聊啦。）

外婆聽了一愣，一時不懂外公說的，只得去找那售票的婦人問個詳細。

那婦人聽聞，臉色很難看，一時也不願意說。

是外婆擔心外公工作狀況，一再追問，那婦人才道：「遮無別的人，干焦伊一个踹遮，凡勢……凡勢……真正無啥清氣。」（這裡沒有別的人，只有他一個住這，可能……可能……真的不乾淨。）

那婦人又說起幾件事，其中她經歷過的，便是那本宅內的廁所，總是莫名有各種問題。

不論是門無風自關，還是那水自沖自開，亦或是總有呢喃耳語，廁所能發生的怪事統統發生了。她怕極了那間廁所，所以上班時除非不得已，否則要去上那廁所總要找清潔阿姨一塊去，自己是不敢去的。

外婆倒吸一口涼氣，她懂了，外公是看到了些什麼，卻是腦子傻了不知道怕，還自覺得熱鬧。

外婆擔心外公，跟外公說了那些其實不是人，是鬧鬼，說這份工作不要做了，回家比較安全。

外公卻拉著外婆的手說道：「みやこ，汝免煩惱，咱需要這份頭路，遐的鬼共阮無冤仇，袂按怎啦。」（miyako，妳不用煩惱，我們需要這份工作，那些鬼跟我無恩怨，不會怎樣的。）

みやこ（miyako）是外婆的日文名字。外婆一驚，原來外公竟是知道的，先前說給自己聽的，原來是要安慰自己？

隨即想想又不對，也不知外公是真傻還是怎樣，那腦子時而靈光時而鈍。

外婆又想了，那前任剪票員常伯也一住幾十年，都沒有事，想來也是無事的，又聽外公這樣說，這才終於安心。

肉粽

月光灑路，紅磚延街，燈籠畫簷，點點成線，赤門古瓦，屋宅相鄰，那是老街特有的寧靜韻味。但唯獨那個時刻，會在靜謐之上再披神祕，鄰里關窗閉戶，熄燈禁聲，路無人車，唯神鬼道人，西行而去。

那是送肉粽，一個古老的送煞習俗。

在彰化這一帶，上吊吊死不會直接說是吊死，而會說成綁肉粽，而送吊死鬼的儀式，就說成送肉粽。

近年已有不少媒體與文章紀錄過鹿港的送肉粽習俗，它很神祕，卻也某種程度的公開了，讓人認識了。

但其實這個習俗離鹿港人很近，也離鹿港人很遠。

近，近到發生在身邊；遠，遠到關門閉戶，不聞不問。

鹿港的孩子自小就被教導，遇到送肉粽不可出門，不論是學校晚自習，還是補習班上課，當天有送煞，學校都要提早放學生回家，生怕讓學生遇上了送煞隊伍。

我也在這種氛圍下長大，至今也不算見過送煞隊伍，只見過角頭廟設壇圍路、鍾馗隊伍送煞前淨街。通常也就在此時，就是送煞前，那些孩童就必定會被家中長輩領回家，就算是大人們，也會自己躲起避開。

那是不是送了煞，送了肉粽便從此無事太平？

不，總有例外的。

較出名的大概是鹿港王家宅子，這很多人知道，我就不再提了。

這次談到的，是較少人知道，在〈魔神仔〉一回，茶桌上一位地方耆老說的：「真濟啦，講袂了，親像斜對面遐間，前後就吊四個了，送攏送袂了。」（很多啦，講不完，像斜對面那間，前後就上吊四個了，送都送不完。）的那間宅子。

其實那間宅子我很熟悉，那是我一個兒時玩伴的家。雖然他只在鹿港住了短暫時間就因故搬走，但那段時間我也是在那宅子進出頻繁的，所以對宅子的印象還算深刻。

那間屋子也位於老街上，格局相當簡單，只有一廳兩房，完全排列成直線，兩間房間由客廳進去的左側走道連通。

唯一特別的是第一間房間有兩扇門，一扇接走道，另一扇接客廳右側。走道往後走，後面有個小空地，再往後有個小廁所，洗衣煮飯都是在這空地的空間進行。

這樣的格局在老街裡算是小，住一家子四口實在克難勉強，但也還算精簡實用。

而這間看似平凡的屋子哪裡有問題？

問題在過了正廳後的第一間房間，那房間正位於這房子的正中間，那上頭是這間屋子的主梁。

傳統送肉粽，吊了人的是樹，就鋸樹送樹，吊了人的是梁，就鋸梁送梁。但若是主梁，要鋸那工程就過於浩大了，就只能退而求其次的送繩子，而問題就出在這。

「老一輩人說這樣送不乾淨。」

事情的發生，是我兒時玩伴一家都還未搬入之前，距今約三十年前，民國七〇年代。

那時的租客是一對從外地來的年輕夫妻，夫妻恩愛，言行正常樂觀，平時與鄰居相處和睦，兩人都有著平凡的工作，可以說是相當平凡的兩個人。有段時間兩人卻突然消失，鄰人覺得奇怪，便與屋主打聽，屋主也覺得奇怪，拿了鑰匙開門查看，才發現原來夫妻兩人竟是雙雙自掛，在主梁下綁了兩個肉粽。

屋主嚇壞了，鄰人也嚇壞了，又連絡不上他們其他家人，是靠鄰里幫他們辦了後事。屋主還辦了送煞儀式，但主梁鋸不得，太過麻煩，所以當初只送繩子了事。

一年後這房子又租了出去，租給一個單身男子。男子是個工人，與鄰里也是有招呼有說笑，他住了一段時間，又是突然消失。鄰里通知屋主，屋主忐忑的前來查看，發現這男子也恰巧在主梁綁了肉粽。

送煞儀式再開，但一樣只送了繩子。

隔年，房子又租給了一個外地來的年輕單身男子。這男子雖沒有工作，卻也熱心助人，常去鄰里家串門，鄰里有些雜事，他總願意熱情幫手，所以鄰里也常送些吃食用品給他，是個熱心且樂觀的人。他與鄰里混得極熟，鄰里有些事情說起來就比較不忌諱，提點了他這屋子並不乾淨，建議他搬走，還說能介紹其他屋子給他租，但那男子樂觀，聽聞這些事也不以為然，只是笑笑地說他會考慮看看。

但有些事卻不容人樂觀。

這次他也是突然無故消失了數周，鄰人擔心，便是再次通知了屋主。屋主也再次心懷忐忑，開門查看，果然又見那主梁下懸掛的身影。

三年綁四個肉粽，那得多凶？這下非鋸主梁不可，屋主與法師都定了主意。

那之後是浩大的工程，立鋼架撐起屋頂結構，與法師卸下主梁西送，送煞儀式罕見的謹慎龐大，而那新梁則是擇日再上。

但傳聞最毛骨悚然的是，卸下的主梁上頭可不止四處繩痕，是有著無數繩痕的一根絕世凶梁。

籃仔姑

初聞籃仔姑這個詞彙，大概是半年前，我剛開始寫《茶桌異聞》時，依然是在茶桌上，聽聞我正在寫這些軼事的茶友說出來的。

記得那天的茶很苦澀，音樂沒有歌詞，是純粹的旋律，只是不清脆，也不高昂，反而有一點懸疑的味道。

也許是因為氣氛，一個茶友開了一個話題。

「籃仔姑，聽過嗎？」

說是在台灣，只有鹿港才特有的習俗，那個習俗太過罕見，他也只知道個大概，要我事後再自己去打聽。

那天後，我開始到處問長輩，卻沒有人聽過，連老一輩的人都罕有人聽過？那究竟是多久前的東西？

那個，是一個至今已經完全消逝的習俗。

是的，是習俗，並不是傳說。

直到前一陣子，在與鄰居一對老夫婦閒聊那洋樓門面的水泥雕字。那老夫婦剛好認識一個老雕字師傅，過去曾經請他來修過門面雕字，但那也是民國七十二年的事了，我都還沒出生。

據說，那是現在幾乎斷了的工藝，現在若還有，做法也與以前大不相同。那個老師傅，今年已經九十多歲，早就退休了。

現在的招牌都要花俏、夠吸引人，於是那種樸實的水泥雕字就漸漸被淘汰。

所以在他退休前好多年，其實就沒做那門面的水泥雕字，而是轉去做墓碑的雕字，那時許多這行的師傅都是跟他做一樣的選擇。

跑去做墓碑就更不可能改行回來，就算有人家門面想再做那雕字，也不好去請個做墓碑的人來做，就是哪裡怪怪的。

於是，這門工藝只好走向沒落。

閒談時談到那老師傅的妻子，說當年，她是會在中秋主持籃仔姑儀式的。

那個神祕的，現在鹿港已罕有人知的古老習俗，在那天，我總算是找到知道的人了。那是過去鹿港，一個稍微有些邪性的、屬於孩子們的，在中秋節才會玩的「遊戲」。當時的中秋節還不盛行烤肉，當年的鹿港人，在中秋節的夜晚，女孩就玩「關籃仔姑」，男孩就玩「關掃帚神」。

這兩個活動其實像極了碟仙，是一種請靈的遊戲。整個鎮的人一起請靈，這是一種多瘋狂的事？現在想來都覺得有點不可思議。

相傳籃仔姑是一個悲傷的故事，籃仔姑是個父母早逝的小女孩，自小與長兄相依為命。只是那長兄成家後，妻子不喜歡籃仔姑，她用盡各種法子凌虐年幼的籃仔姑，毒打、不給飯吃，甚至不讓她進家門睡覺，夜晚也只能躲在豬圈避寒。只是年幼又飢餓又寒冷，她終是熬不過，就這樣結束了短暫的人生。

後來鹿港未出嫁的女孩就會在中秋夜玩起「關籃仔姑」。用一個新婦仔籃[1]、一個小娃娃，再用一條帕子繫在籃子把手上；籃內則擺著各式的胭脂、花粉、玩具等供品，然後由一名少女點上香，從豬圈迎請籃仔姑的降臨。

之後將香插在籃子上，由兩名女孩坐在籃子旁，眼矇黑布，雙手扶籃，周圍的其他人齊唱：

「籃仔姑，籃仔姨，牽花枝，少年時，現時也未嫁，今年姑仔才三歲。三歲姑，來坐土，四歲姊，來坐椅。坐椅聽，講分明，分阮聽，清茶清果子。食檳榔，黑嘴齒，檳榔心，荖葉藤，好吃不分因，分阮三姑娘仔正是親。親佬親，親荳藤，荳藤白波波，小路通奈何，奈何好景緻；也有花，也有粉，也有胭脂點嘴唇，白衫黑領罩，烏金罩萬字，萬字罩手牌，緊緊催，緊緊到。行到癮龜橋，腳也搖，手也搖，行到六角庄，腳也酸，手也酸；行到花園花就香，行到酒店面就紅。豬稠公、掃帚婆，帶阮三姑娘仔來迌迌。」[2]

唱著唱著，籃仔姑就上身了，接著就能開始問事，問一些少女心事。

但問事期間萬不可喊「嫂子來了」，那是禁忌，籃仔姑因嫂子而死，祂怕、祂恨，喊了會發生什麼事，不可預料。

1 新婦仔籃：婚禮用竹籃。

2 籃仔姑在很多地方都有類似習俗，但故事與儀式稍有不同，唱的歌謠也不同，但鹿港的應該是筆者記下的這個版本，至於曲調怎麼唱，現在找到的好像是後來再編的版本，跟當初有些不同，原版的應該是已經失傳，問不到了。

另一頭男孩子玩的「關掃帚神」就可愛得多了，男孩子們抓著掃帚，請掃帚神上身，然後就開始點著頭掃地去。

不把地掃得乾乾淨淨都不停的。

而這兩個習俗為什麼從鹿港消失，有許多說法。

也許是因為終是有點邪性的遊戲，一些父母不讓孩子碰，玩的人變少，久了就被遺忘了。

也有人說，後來流行烤肉，烤肉比請神靈香多了、好吃多了，誰還要玩？

亦有人說，隨著時代改變，鹿港沒有豬圈了，沒地方請，自然就沒得玩了。

而有少數一兩個長輩說，是當年發生了一些事，所以才沒有人再玩的……。

至於什麼事，我沒有打聽出來，畢竟知道且玩過當年籃仔姑的人，年紀都很大了，許多人也不在了，剩下還在世的不多，也記不清、講不明了。

無燈矮屋

煙飄著，有些刺鼻，有些臭。

那是哪來的便宜菸我不知道，我不抽菸，也沒抽過，所以我不懂，只知道臭。

其實父親的茶桌上原則上是禁菸的，其他的茶友都不會在這裡抽菸，有抽的也會被家父勸熄。能在這張茶桌上抽菸而不會被趕走的人只有一個，那是父親的堂弟，我叫他華叔叔。

很多人說他是老流氓，其實他真的是。雖然他身上沒有刺青，有老婆兒子有家室，會在鹿港騎著他那輛老野狼到處閒晃，看起來只是個普通阿伯，但他真的是老流氓。他煞氣藏不住，一言不合就要跟人輸贏車拼。

他總愛說嘴他年輕時的事蹟，最常說的是他一個人拿把武士刀，追著十四個偷襲他的人滿街尾跑。

他總說他年輕時跟黑牛[1]喝過酒，打過架。

1 黑牛：十大槍擊要犯黃鴻寓的綽號，一九九一年在台中監獄槍決伏法。

我私下問過父親是不是真的，父親沒有否認。

茶桌上，他的菸燒出了長長一條菸屎，他的那杯茶也涼了，他沉思了良久，動也沒動。

突然，他對著我問道：「汝講，汝寫遐啥？」（你說，你寫這啥？）

我回道：「《茶桌異聞》跟《洛津渡》，鹿港的鬼故事。」

他又沉默了好一會，語重心長說道：「汝，寫遮，汝毋驚？鹿港鬼仔多，汝上好莫睬。」（你寫這你不怕？鹿港鬼多，你最好不要碰。）

他抖掉那一條菸屎，吸了一口，吞雲吐霧，然後就撚熄它。

這根菸他總共才吸了兩口。

眼前這個老流氓叔叔是有故事的，他碰過，他知道怕，他知道惜命。

又沉靜了一會兒，他說他有個故事能說給我聽，這個故事他從來沒說過。他喝下了那杯已經涼透的茶水，潤了潤喉，開始說了……。

華叔叔住在「街尾」，街尾是鹿港的一處地名，是臨近地藏王廟的社區，那裡有一大片的老紅磚矮房。

身高超過一七〇進門就會撞到頭的那種矮房。

鹿港有鎮守五方的土地公，幾個土地公廟破敗無錢整修，曾落難寄奉於一般民宅。華叔叔家雖然也是一間矮房，但當時他家就曾寄奉過鹿港南方土地公一陣子，一些信眾常上門到他家拜土地公，這種事在當時一點都不奇怪。

那個時候他很年輕，只是個十幾歲的青年，人家常上門到他家拜拜，他也常會去鄰居家串門。那時的人也常把別人家當捷徑，從前門進，後門出，打個招呼就從別人家穿堂過，也不覺得尷尬，很正常、很方便，沒有人覺得這樣有什麼不妥。

華叔叔的家沒有後門，要去後街他都必須借道鄰居家。

那是一個獨居老婆婆的家。

那個時候的社會貧窮，百姓皆惜電，甚至許多民宅連電都沒牽上。

婆婆家是有電的，但只有直接用電線吊起的兩盞五燭光的小燈泡。矮屋採光又不好，房子是終年的昏暗，甚至很多時候婆婆是不開燈不點燭的，連昏暗都談不上，只有黑暗。

華叔叔每次要借道時都會進門喊：「阿婆阮借過喔！」（阿婆我借過喔！）

為什麼用喊的？因為屋子裡實在是太暗了，他根本看不見阿婆在哪裡，所以只能大聲的喊。

而屋子裡總會傳來老婆婆簡單的回答「欸！」算是答應了。

儘管華叔叔走得熟，偶爾借道時還是會被老婆婆家中的家具絆到或是撞上牆，但年輕人經得起絆，經得起撞，沒關係。

老婆婆就不是了。

有一天就突然聽說那老婆婆跌死了，昏暗嘛，一不小心踢到個家具就被絆倒了。

遠方的親人回來幫她辦喪事，喪事辦得簡單，喪事後房子就再沒人住了。也不知為什麼，房子也沒鎖上，也許沒什麼值錢的東西不怕人偷吧，就這樣空著。

有次華叔叔依然借道老婆婆的家，只是他忘記她不在了，進門依舊習慣的喊：「阿婆阮借過喔！」（阿婆我借過喔！）

才喊出來，他就想敲自己腦袋。

喊什麼呢！人都往生了。

「欸！」

突然有聲音回話了！

黑漆漆的屋子裡有其他人，而且回話了。

華叔叔嚇得，他要去摸屋內吊的那兩盞燈。那時的燈開關都在燈泡上，是那種一小根塑膠桿子穿過燈座，桿子推過去燈就會啪一聲亮起來的小燈泡，那種燈泡構造很簡單，甚至有時候運氣不好還會被電到。但此時的華叔叔顧不得什麼小心，他必須摸燈，他想知道是誰在裝神弄鬼嚇他，想要揍那人一頓。

手揮了半天，終於讓他揮到那個燈泡，「啪」一聲，燈開了，五燭光的小燈泡在半空中晃呀晃的。

他透過搖晃的昏黃燈光，在屋子的另一角看到了。

看到了一個身影。

祂滿臉皺褶，祂在笑。

老婆婆回來了。

四色牌桌

就在老街上，我家門口，我家對面，一個婆婆的家，我小時候天天在那坐著看書，坐著塗鴉，坐著背九九乘法。

和風徐徐，灑落的陽光，讓躺在一旁紅磚牆下一角曬太陽的胖橘貓很舒坦。

牠伸著懶腰，身體瞬間拉長，對那時的我而言，是長得不可思議。我無法理解一團毛呼呼的圓球為什麼能變得那麼長，那時的網路還是撥接的，甚至許多人家根本沒有電腦，更別提智慧型手機，所以沒有貓貓迷因，更沒有那些好笑的貓影片。

牠是貓，我那時還不知道貓是水做的，可以塞進圓形的罐子裡，可以擠進方形的箱子裡、可以變成一長條狀的流下樓梯。

牠伸著懶腰十數秒，眼瞇著眼看我，然後又彷彿突然失去興趣般無視我，縮成一顆球曬著牠的太陽。

今天的太陽只能是牠的。

而牠的好友，是一隻脾氣暴躁的狗，一隻吉娃娃。小小的身軀，雙眼突出，牠有著火爆的脾氣，用台語說是「歹性地」，整天見人就吠，小時候的我一直以為牠有甲狀腺問題，跟我外婆一樣。

那隻吉娃娃叫球球，牠的主人是一個賣金紙的老婆婆，我天天在她家門口玩。她獨居，只有球球相伴，自己的住家就是店，住店合一，生意不算太好，也不至於到太差，熟識的人都會上門買金紙，母親也會跟她買，初二、十六拜土地公時都要跟她買一些，這些收入雖然不多，卻也夠讓她生活無虞。

然後球球總是討厭我，見我就對我吠，不給我摸。

鄰里叫那老婆婆做阿米，應該是個日文名字，她受過日本教育，會說些日文。

而她的愛好，就是在閒暇午後，跟鄰居，她的三個同齡好友，摸兩把四色牌，五塊錢一把，運氣好的話晚餐就有人請了。

胖橘貓是野貓，常到阿米家跟球球混在一起，阿米不趕牠，球球也不吠牠，像上輩子欠牠很多，在牠面前球球就是吉娃娃界的恥辱，是隻捲縮的蝦，逆來順受，任胖橘貓怎麼踩踏騷弄也不吭一聲。

很快，一個冬天來到，記得就是立冬。

冬天就是老人的敵人，一到變天很多老人家就熬不住了，老街上許多宅子就會搭起藍色棚子，掛起「治喪中」的牌子。

我知道那是有人走了。

阿米婆婆的牌友三人，也盡皆相約走了，家裡紛紛佈置了起來，三個一起，路上是不寂寞了。

但阿米卻是寂寞了，剩她還在這兒。

我見她在那冬天的午後，一個人坐在那張簡單的摺疊牌桌，看著桌上的牌。

她看起來很落寞，是再沒人陪她玩牌，她也不用再操心贏太多把，得假輸一兩把，安慰一下好友們。

人有悲歡離合，月有陰晴圓缺，世事無常，有聚有散。

阿米寂寞，球球不吠人了，胖橘貓也不欺負球球了。

那隻貓跟那隻狗像知道阿米的心思，竟是乖乖陪在阿米身邊，蹭她，想安慰她。

有一天午後，阿米依然獨坐牌桌，那變得溫馴的貓，突然大聲怪叫，球球也跟著吠，像是看到什麼陌生的，不該出現的東西。牠們很生氣，或說很害怕，總之表現得並不正常。

只是阿米突然笑了，堆滿皺褶的臉，笑起來失去了平時的和藹，竟是多了一絲陰沉，她開始發牌，自顧自的玩起來。

後來天天都是那樣，胖橘貓不再來了，也不知道去了哪裡，而球球又開始天天吠，變得更神經質，天天對空氣吠，一下吠這裡，一下吠那裡。鄰里覺得怪，有些人也開始有些擔心。

那陣子阿米老很快，短短十多天，人像又老了十多歲，記憶也突然開始不好，一些上門買金紙的，說完要買什麼，她才回頭要去拿，就忘了，馬上又得問一次，得這樣說個兩三次她才能記得。

家母跟鄰里都覺得這樣不行，怕阿米也跟著這樣去了，於是眾人找了里長幫忙，聯絡了她那在外地的子孫，把她接走照顧。

她子孫來接她那天，她死活不願意走，大哭大鬧。她的孫子想抱她上車帶走，但她卻能輕易掙脫兩個成年男子的手，一個老人家能有這樣的精力哭鬧，令眾人驚訝。

果然她的神色不太正常，她手裡抓著那四色牌，邊哭鬧邊吼著她三個好友的名字。

球球也跟著狂吠，但牠吠的卻不是人，而是空氣。

幾番波折，阿米最後還是被強硬接走了，球球也被接走，那老宅是人去屋空，大門深鎖。

一次我閒時無聊，透過木窗花往內看，那桌子仍在，上頭還有發好四份的四色牌，靜靜躺在那裡。

像還有人正玩著似的。

鹽埕

鹿港有個地方的地名叫做「鹽埕」，但鹿港的現況卻是沒有產鹽，這是個古地名，一九六〇年代初便是那鹽埕還有人挑鹽的最後時代。

鹿港鹽田曾與布袋、北門、安平合稱台灣四大鹽田，而鹿港鹽田的消失實也是無奈，是鹿港先天條件不足，北有洋子厝溪，南有鹿港溪，導致鹿港沿岸海水被兩條溪匯流的淡水沖淡。

而兩條溪還帶來大量泥沙，使得外灘淤積，將外灘地勢墊得比鹽場高，出現取水困難的問題。

此外又由於東北季風帶來的雨量，導致風大的冬季不利曬鹽。

這些諸多的因素，使得鹿港的鹽田被迫走入歷史。

但這歷史其實也離我們不遠，我的奶奶，就曾在鹿港的鹽埕，挑過那鹽。

在從小到大的茶敘中，家族人總會片段的談及過往，奶奶曾經在鹽田打過工、挑過鹽，那就是其中一個故事。

那個時候奶奶還是個十幾歲的少女，那個時代的孩子，為補貼家用，多少都會打一些工，鹽田挑鹽就是一種簡單的工。

挑鹽一百五十斤，賣政府也就幾塊錢，鹽活粗重，孩子力氣較小，就一擔鹽減成半擔，人家的一擔，孩子要走兩趟。

他們還稱不上鹽工，算是幫鹽工的活而已，也不是什麼人都能挑鹽的，那些田都是有鹽工分配，鹽工有曬鹽耕作權，其他人想插手都不能，所以這種打工機會是罕見的。更因那時的鹽田產業已經進入黃昏，鹽的產量大幅下降，鹽工自己挑的都快不夠，必須兼其他職才能有活路，又怎麼會有多的鹽來請這些打工的孩子？

所以能有這種打工機會都是分外珍惜的，也沒有人會怨苦。

而當時的奶奶，是家裡與一位鹽工相熟，透過介紹，才得了這一份打工的活。

那時的人都困苦，身無長物，能拿出來相幫的就是人情味而已，相互之間總是能幫就幫，介紹工作這種都算小事。

那個相熟的鹽工大家都叫他陳伯，應是有相當年紀，只是那時的鹽工長期受日曬雨淋，又總在高鹽的環境中工作，皮膚粗糙不堪，一臉的皺紋多過常人，雖然相熟，知道他有些年紀，卻也不知究竟是幾歲了。

一座鹽田七分多地，要踩水、要排水、要換池、要耙鹽，又那鹽活粗重，實不適合年老之人工作。

陳伯的年歲漸大，腰骨不好，發作起來幾乎是全身都要不能動彈，鹽田工作對他來說負擔是日漸加重，但若放棄曬鹽耕作權便等同完全失去收入。

於是陳伯就只能請人幫忙，他請了兩個打工的孩子，都是他相熟的友人家的孩子，奶奶是其中之一。而另一個孩子，跟奶奶也相熟，是同齡的少女，她有雙特別大的腳，朋友都叫她大腳英，人也樂觀純真。

陳伯請人，那微薄的收入要分給孩子們，對本就不多的收入來說是一種打擊。雖然陳伯也能把鹽私賣，一百五十斤鹽私賣就能得一百多塊，比交給政府收購是好了許多，但不說還有鹽兵顧著，私賣困難，陳伯一人光是為了應付收鹽公司的基本應繳額度就已相當吃力。這也是沒有辦法的事情，他真的已經老了，身體不堪了。

幾個孩子的家裡人也知道他的情況，知他請了這些孩子，收入就會出現問題，所以孩子們的家裡也是三不五時就會送些吃食用品，接濟老鹽工陳伯。

陳伯也很是感恩，對兩個孩子也都相當好。

時間過去，不是下雨，就是斷水，鹽田的鹽產量不斷的下滑，可以說已到了嚴峻的地步。鄰近許多鹽田較年輕的鹽工都放棄了曬鹽耕作權，轉去做其他的工作，剩下來依舊堅持的鹽工都是較有年紀的，因為他們想換工作，也得要有工作願意接受他們。

年紀大就像是社會的累贅，他們除了龜縮在現有已經握著的機會下，再無其他機會為他們開門。所以他們只能留在鹽田，換去做其他的工，去工廠什麼的，已經不是他們能走的路。

說白了就是走投無路。

他們只能更努力的挑鹽，奈何天不給你飯吃，你又能如何？

接連的雨，幾乎斷絕了那些鹽工的生路。

孩子們的打工自然也是沒了。

那天雨剛結束，其他的鹽工仍在望天，仍在觀望，但陳伯已經趕忙上鹽田了。他要急著去調整池水，整理鹽田，他不知道明天還會不會下雨，但他知道如果他不做，就要餓死了。

陳伯辛苦了一天，整好鹽田，卻是天公作弄。

隔日再次下起了大雨。

陳伯欲哭無淚，但他沒有放棄，每到雨停，他便上鹽田去整理。

那日他辛勤整理，終是放晴，一連放晴數天，他看見了希望，若能放晴十日，他便能收一次鹽。

奈何。

滴……滴……。

兩滴水打在他的手臂上，他抬頭看天，迎接他的是一陣滂沱大雨，沒多久鹽田就積了水。

他跪在鹽田積水上痛哭。

他的哭也是鄰田鹽工的哭。

大家落寞的放下手邊工作，離開鹽田，也沒有人來安慰陳伯。

陳伯只是跪著哭。

當夜他沒有回家，要去送陳伯吃食的奶奶到他家沒遇上他，雖然心裡覺得怪，卻也沒有多想就又回去了。

又是一連下了數天雨，一眾鹽工連鹽田都不去巡了，而這些天陳伯失蹤了，大家開始找他。

也沒有找多久，眾人就在陳伯的鹽田找到了他。

他趴在鹽田裡，一動不動。

而鹽田是積水的，他就趴在積水裡，溺死了。都有些天了，屍體竟是有些發脹。

報了警，來了人。

眾人議論紛紛，都覺得奇怪，這積水不深，明明是手一撐，腰一抬就能起來的，陳伯怎麼會溺死在這裡？

細一想，就猜到個大概，陳伯腰不好，腰疾發作起來幾乎全身不能動彈，或許就是他腰疾一發，人趴進水裡就無法起身，竟是被活活溺死的。

這是一場意外，孩子們傷心，眾人也是難過。

但是天放晴了，鹽田的工作還是照舊，老天是無情的，竟用放晴來弔念陳伯。

陳伯一死，曬鹽耕作權又被收鹽公司放了出去，奶奶與其他孩子的打工自然也是沒了。

得到新曬鹽耕作權的，是個來自福興鄉的青年。

青年才剛上工，也還不算熟悉，才挑著鹽要去交。

就突然一個老伯指著他的臉罵道：「遮鹽田是阮的，汝是按怎偷擔阮的鹽？」（這鹽田是我的，你為什麼偷擔我的鹽？）

青年看著那老伯，一臉驚恐，這鹽田之前的事情，他沒少聽說，自然是猜想到自己看到什麼了。

青年驚呼一聲，丟下鹽擔就跑了。

傳聞後來仍舊有人看見陳伯，在鹽田辛勤的挑著鹽。

犬子

不管是父親，還是大伯、二伯他們，茶敘話家常時，偶爾就會提起一些當年之事，其中一件是祕密，卻也不算祕密的家族祕事。

那便是爺爺的身世。

其實爺爺是抱來的，是養子，但這事情也從來沒瞞過，說當年爺爺自己也是知道的。那個年代大家都窮，孩子養不活，抱來送去都是正常的，有人無法生子，便跟友人求子，富有一些的甚至用買的。

在奶奶的回憶中，以前街上是可以看到挑著扁擔沿街叫賣的，而賣的也不是別的，是孩子。

這些被送走、被賣掉的孩子中，爺爺算是幸運的，阿祖家這邊是富有人家，吃穿不缺，還供讀書。

從老家爺爺的書架上，就可以看出一些當年的端倪，那可是一排的精裝日文書，書上說的還都是建築相關的專業知識。那個年代讀書的人已經開始漸多了，但熟讀外文還看這種專業書籍的卻是少見，爺爺是一個。

其他的孩子就未必如此幸運了，單純收養的都還好，有的做了童養媳，有的被迫成童工，有的就要遭遇更淒慘的事情。

奶奶當年就見過一件，而這件事至今說起，還有許多鄰人心有餘悸。

當時的奶奶還是未出嫁的少女，住在天后宮往北去不遠的北頭漁村一帶，家附近有一戶人家，住著一對夫妻，在那附近算是個「大戶」。雖不是合院，卻有著自己一塊埕，埕上時常就曬一些菜乾、果乾，曬成了就挑去市場賣，他們家就靠這些營生。

說富裕不算富裕，卻也算是有個收入。

其實當時會在門口曬菜乾果乾的人家並不少，大多都會遇到調皮孩童的偷竊，今天少把鹹菜，明天少條蘿蔔，但這戶人家卻從來沒有少過一塊菜乾、一片果乾。

因為孩子們都怕這屋主，這屋主姓王，面相極惡，也就比城隍廟裡的牛頭馬面要好一些，加上他總板著一張臉，鄰居的孩子看到他就怕，膽小一些的都要直接哭出來，更別提他若是笑起來，連那些膽大的孩子也要跟著哭，所以孩子們懼怕他，都稱他做「歹面王」。平時誰也不敢靠近他家，因此他家曬的菜倒是因禍得福，一次都沒有被偷過。

歹面王的面相不好，不只孩子怕，大人也不喜接近他，只要他出面，他的菜乾生意一定不好，所以總是由他挑著擔子去市場，然後由他的太太來賣這菜乾。

這位王太太面容姣好，身材纖瘦，而且還總是笑臉迎人，與人沒有距離感，與歹面王形成強烈對比，好事的人還閒話說她是一朵鮮花插在牛糞上，不過這卻不會影響到她的好生意。

這位王太太的菜乾攤生意極好，她極喜歡小孩子，看見有帶孩子上門的不是要算便宜些，就是要送些東西，更要與孩子逗弄嬉戲半天，大家道她人美心善，做生意也公道，甚至可以說得上是便宜。

大家也知道其實歹面王對他這位太太極好，只是礙於面相，這生意他自己做不得，才被迫讓太太出來顧這攤子，這一點那些好事八卦的鄰人倒也沒說什麼，而兩人結婚多年，卻一直無子。

一日，他們突然決定要收養一個孩子，不久後便不知從哪裡過了一個男嬰過來，那時孩子極小，兩人確實待他極好。那面惡的歹面王竟然也會疼孩子，鄰里都感到不可思議。

但好景不常，那孩子漸漸地長大了，卻遲遲不會說話，又過了好一段時間，歹面王夫婦終於發現了問題，這孩子的腦子有問題。

同齡的孩子已經會做風箏、做彈弓打鳥，這孩子卻還只會咿咿呀呀亂叫，瞎跟家裡搗亂。時常把家裡曬著菜乾的架子推倒，打翻那些商品，被鄰居孩子欺負了，也還是嘻嘻哈哈。

這孩子終究不是親生，歹面王夫婦兩人漸漸失去了耐心，這孩子受的疼愛到了頭，鄰人開始聽到這孩子的哀號。

大家也不用多想，知道是孩子被歹面王搒了。

但那孩子比同齡的孩子還要「孩子」，他什麼也不懂，挨了打也只知道哭，但同樣的錯那孩子下次還要再犯，漸漸的，那下的手也愈下愈重了。

他似乎不再是他們的兒子，鄰人見這孩子時他身上總帶著傷，有瘀青的痕跡，有的是血漬，也總渾身泥濘著，發著臭。

鄰人開始對歹面王家指指點點，久了也影響到他菜乾的生意，但是這種無聲的抗議，直白的抵制似乎反而激怒了歹面王，讓他覺得都是這孩子的錯。不久後竟發現那孩子被栓了條狗鍊子，被鍊在家裡，不讓他出門，不給歹面王家丟面子。

鄰人會知道，是因為在聽了好一陣子挨搒的哀號後，歹面王會「牽著」這孩子出來栓在門口，再急急進屋。

鄰人看在眼裡，知道歹面王家餵他的吃食從香菜熱飯，成了殘羹剩飯，身子髒了臭了，就一桶水潑過去，算是洗過了。鄰人看了可憐，這次真的在他們夫婦眼中，他已經不再是他們家的兒子，甚至不再是人，是條狗，甚至不如條狗，他是犬子。

從此往後，鄰人依舊時不時就會聽到那孩子的淒厲哀號。

那孩子不知反抗，也不會說話，面對這樣的遭遇，他只知道哭，只知道叫，只知道哀號。

而歹面王似也怕鄰人說三道四，要揍孩子從來都在屋內，沒有在門外揍過。

那時的奶奶聽聞那哭聲哀號，心裡不捨，幾次鼓起勇氣要進歹面王家去勸他，讓他不要動手，也不只奶奶想這樣做，好幾個鄰人都試過，卻是從來沒人能進去，歹面王會在門口就把人攔下，將人喝斥趕走。

奶奶無能為力，鄰人又何嘗不是？

那是個富有人情味的年代，卻也是個人命不值錢的年代，買來的孩子被打死、被抓去陪葬都時有所聞，何況如今只是被拘禁起來虐待而已，自己都食不果腹了，誰有餘力插手他人家事？願意站出來勸一下，已經是仁至義盡了。

那些在背後指指點點的，稍微關心點沒有漠視的，都算是出力了。

但歹面王愈是如此，他的菜乾生意影響愈是嚴重，生活的嚴峻似乎使得歹面王的脾氣愈發暴躁，那孩子的待遇愈來愈差，這成了一個惡性循環。

一段時間後，歹面王家突然出了白事。

鄰人起初皆以為那孩子終是被虐死了，細一究卻發現死的是歹面王的妻子。

跟歹面王交好的人不多，鄰人熟的多是他的妻子，只道前幾日還有與她說上話，人看起來還好好的，怎麼突然就過世？

奇怪的是，自歹面王妻子過世之後，歹面王似乎沒再打過那孩子，再沒聽過那孩子的哀號。

一段時間後歹面王開始自己去市場擺攤子，大家也不敢多問他，但都好奇著，好奇著那跟在歹面王身後跟進跟出的，那個孩子。

那個孩子脖子上沒了那條鍊子，身子也乾淨了許多，而且對歹面王似乎很親暱。雖然依舊不會說話，總咿咿呀呀的叫喊著，偶爾還在路上撿些東西得意的要送歹面王，而歹面王竟然是笑著收下，那個笑容很難看，卻看得出一絲溫柔，令人稱奇。

這不像是一個受虐者對施虐者會有的反應，這怪異的現象，讓鄰人不禁猜想，會不會其實一直以來虐待那孩子的，都不是歹面王？大家其實都錯怪歹面王了？

奶奶也聽聞了這個推論，她心中一凜，想起了一件事。

當時她去歹面王家要勸人時，歹面王在門口攔住了她，而門內那孩子的淒厲哀號就沒斷過，彷彿依然被誰，打著。

老藥局

大伯在還小的時候，曾經在一間西藥房打過工，那間西藥房在中山路上，也就離那玉珍齋不遠，而那時候的西藥房，是有外送服務的。

藥房的電話響起，吩咐了需要的藥品，就由夥計送去，然後收帳，有的甚至是記帳，一個月結一次、兩個月結一次、半年結一次，或一年結一次。

也不只是藥局這樣，那時的各行各業都有這樣的情況發生，尤其是那些簸掛[1]、米絞[2]更為常見。也由於記帳頻繁，一些帳記錯了，一般人也算不清，來收帳都得默默繳錢，收帳時常有一家子一個月竟然吃了十幾斗米的情況發生。

搞得那些媽媽想不透自己的孩子怎麼這麼能吃。

有一處宅子就離藥局不遠，大伯時常去送藥，也因為不遠，索性就不騎腳踏車，都步行過去送藥。

大伯對那宅子的印象非常深刻。

那是一間中山路上三進的宅子，屬於大宅了。畢竟從古至今，能住在鹿港中山路上的都有兩步七仔（有本事、能力），定有著相當的家底。

那間宅子是洋樓門面，第一進租給人做生意，屋主住在二、三進，宅子不出名，出名的是裡面的人。

鄰人皆知裡面住著一個瘋子，一個瘋女人。她住在那屋子二進的一間房間內，是屋主的四女兒。屋主六十餘歲，有七個子女，還留住在這間宅子的也就屋主夫婦跟那發瘋的四女兒而已，其他人都到外地打拼去了。

她總把自己弄得一身黑，也不知抹了鍋灰還是泥土，甚至連臉上也塗了不少，令旁人看不清她的容貌，只聽說她在沒有發瘋前，是鄰里皆知的美人。

她總是無故歡笑，無故悲泣，忽靜忽鬧，她總念叨一男子名，似乎是叫做黃連，只有發音，卻也不知道究竟是不是這個字。

---

1 籢掛：販賣油、醬油、豆皮、乾貨或麵粉、綠豆、小麥等雜糧的店。

2 米絞：米店。

也有人想過會不會是藥材黃蓮，但是從她偶爾說出的語句判斷，那個黃連，應該不是藥材，而是個人。

因為她會與他說話。

鄰里也不知道她究竟是為何發的瘋，她的家人從不願多談她的事，外面說出的原因、外面傳的故事，統統只是猜測而已。

較多人說的，就是她讓一名叫黃連的男子騙了感情，才從此發了瘋。

那一故事雖是老套，卻也是合情合理。

但明白人一想，就知道不對了，因為那瘋女人家，就姓黃，雖然黃姓在鹿港是大姓，但在那個時代，同姓相戀通常都會被避免。

所以她那欺騙她的情人也姓黃，就不太可能了。

還是說根本不是人家欺騙了她的感情，而是她真的與一名叫黃連的人相愛，由於同姓相愛，而被家裡阻止，才因此逼瘋了她？

這一說法卻也是有人傳誦。

真相也不是沒有那些吃飽太閒愛八卦的人追查過，而是實在追查不到，一來線索就只有一個名字與一個發瘋的結果，二來黃家人口風緊，探不出一點虛實，三來是鹿港也沒有找到叫黃連的這個人。

也不是沒有叫黃連的，只是找到的那個黃連年紀太大，與那有著瘋女人的黃家是八竿子也打不著。

這一個黃家女兒究竟如何發瘋，總是鄰里茶餘飯後的談資，一談也就數年。

大伯去送藥時，總會經過那瘋女人的房間，偶爾還會聽見她在房間內的自言自語，淨是一些不著前後的話語，正常人大概都聽不出什麼邏輯。

大伯一開始也曾好奇的想去聽，但那瘋女人的性情難料，有時會憤起大罵，甚至摔些東西，大伯有些害怕，所以每次去送藥都是急急經過房間，不敢多留。

是有一次他來送藥，要給那六十餘歲的黃姓屋主，經過那房間時，裡頭的瘋女人正在破口大罵。

他一緊張，腳步就快了，才經過那房門，卻是因為急，所以絆了腳，踉蹌了一步，他自己給自己嚇了一跳，驚叫了一聲。

那房間裡安靜了，大伯也安靜了。

然後大伯回頭看，那女人卻是已經打開房門探頭出來看著大伯。

大伯被這一嚇嚇得不輕，腿軟直接摔了下去。

那個女人對著大伯嘻嘻笑著，伸手就要來拉他。

她的力氣很大，那時還是個孩子的大伯哪有力氣反抗？只能被她硬揣著，拉進房間。

她指著床上說：「阮給汝介紹，伊是黃連，阮尚好的朋友。」（我給你介紹，他是黃連，我最好的朋友。）

大伯順著她的手指看去，她指向的是床上那團捲縮的被子。

大伯雖然害怕，但也隨即想明白，那只是她幻想中的朋友，自然是不會存在。

大伯才要鬆一口氣，想轉身離開，那團被子卻是動了。

這一動，大伯本想轉身的動作卻是被驚停了，他瞪大眼睛看見那團被子正在隆起。

他被驚退了兩步，他直覺那團被子裡有東西。

只見那團被子慢慢的隆起，然後自己掀開，裡頭竟是什麼都沒有。

或者該說其實有什麼，只是大伯沒有看見而已。

「嘻嘻，伊嘛佮意汝呢。」（嘻嘻，他也很喜歡你呢。）

別說那時的大伯還只是個孩童，就算是成年如現在，見那景象也幾乎是要被驚哭，但那時他的眼淚卻哭不出來。他拔腿就要跑出房外，也顧不得什麼送藥，就朝門外奔去。

隨著狂奔，他看見了那在第一進店面顧店的老闆，而那老闆也看著他，表情很冷漠陰沉，像似早知道一切的說道：「嘿嘿，會驚嗎？」（嘿嘿，會怕嗎？）

是那一次驚魂他才知道，那女人的發瘋並不單純，那個大家八卦都找不到的黃連，竟然不是個人。

死人醋

鹿港人聊天時常說的地名往往都是古地名，不然就是那種地圖上找不到，只流傳於口耳，範圍也只是大概的暱稱地名，例如「宮後」，或者「新宮口」這種。

鹿港有新宮與舊宮，舊宮指的是天后宮，而新宮則是另一間天后宮，又叫新祖宮，是清乾隆五十三年詔封媽祖為「護國庇民妙靈昭應弘仁普濟福佑群生誠感咸孚顯神贊順天后」才建的，廟門口有「文武官員至此下馬」的碑文，也稱做「敕建天后宮」。

而鹿港常說的「宮後」與「新宮口」就是這兩間大廟的附近地區，天后宮的後面叫「宮後」，新祖宮的前面叫「新宮口」。

一次泡茶時，一個住在新宮口的阿伯與我們聊到那種流動的、沿街叫喊的攤販。

我記得兒時還常見，那時都會有一攤賣肉圓的，沿街的喊著「肉圓」，鄰里聽見了就拿自家的碗出來，去買肉圓、丸子湯，其他還有賣冰淇淋的，用叭噗替代，再有臭豆腐的，或是收壞銅古錫的、修理紗窗玻璃的、磨菜刀剪刀的。

那些，現在幾乎已經看不見了，說來是有些懷念。

阿伯想了想，說起那時「新宮口」的一個故事。

大約是一九七〇到八〇年代左右，鹿港新宮口有個外省人姓曹，熟識的就叫他曹仔或小曹，就時常會喊著「炸粿、燒肉粽」，推著個小車，沿街的叫賣。

那個曹仔其實不會說台語，連聽也只聽得懂一些而已，人家說多了、說長了、說快了，他就聽不懂，但這「炸粿、燒肉粽」一句，他還是喊得挺標準的。

曹仔為人和善，脾氣好，身子也精壯，甚至長相也不算差，但就是一直孤身一人。有鄰人見他早已要過適婚年齡了卻仍是一直未娶，便介紹了一個年齡相近的寡婦與他認識。

這個寡婦小名叫小卿，小卿當初才結婚幾年，便守了寡。那個年代喪偶守寡的其實不算少見，一些男人為了賺錢，去了海外，去了南洋，可能遭了海難、遭了海盜、或其他各種意外，一去就沒有再回來了，說來風險也是高，所以許多人一聽有家人、友人要出海，就擔心那一離開便是從此天人永隔，而小卿的丈夫便是出海去就再也沒有回來了。

小卿守了幾年後，友人勸她不要再浪費青春，她聽了勸，開始接受友人介紹，沒多久便認識了曹仔。

曹仔與小卿一認識，很快的就相愛，也很快的就結婚。

曹仔極喜歡她，待她也極好，什麼好吃的好穿的，都買給她，無時無刻都在擔心她冷了、熱了，還是餓了、病了，只稍分開片刻，他就要思念她。

說來是有些好過頭了，好事的人說曹仔是「顧粿大將軍」[1]，他也不在乎，不過也可能是因為他聽不太懂台語，不知道這「顧粿大將軍」有多難聽，或是他本來就有在賣粿的原因，他沒放在心上。

只是儘管他們已經結婚好一陣子，小卿依舊日日夜夜的夢見亡夫，讓她沒一夜好眠。小卿將此事告知友人，友人卻說那可能是託夢，建議她去請法師來辦牽轙儀式，問個究竟。

那牽轙是一種可以牽起意外客死他鄉的亡魂，用來問事交代遺言，並請亡魂回家，免於流落異鄉的古老神祕儀式。

小卿與亡夫家屬商量，便定了要辦那牽轙儀式。

法師擇了日、叫了人、擺了陣，就辦起了法事，時辰一到，法師乩童起壇，執手轎起乩，對轙畫符灑水，到路口派令燒紙買路。

四周繞圈四輦神轎，驅閒雜孤魂，與阻圍觀望民眾，以防止野孤荒魂亂事、民眾陽氣擾儀。

那個時代牽轎不是罕事，卻也不是常事，所以自會引來鄰人好奇觀看，因此這一個神轎巡視，維持秩序的步驟就顯得非常重要。

隨著儀式的進行，法師不斷口吹龍角、拍鈸叱喝，而小卿亡夫的家屬與小卿則哭泣呼喊著小卿亡夫之名，現場氣氛詭譎凝重，陰森可怖。

不多時那法師就牽起那亡夫的亡魂，附身於做媒的親屬身上，那亡魂開口說起了話，小卿一聽便開始哭了起來。

原來那神情、動作、姿態與說話口氣都與那亡夫生前一模一樣。

隨著祂的訴說，眾人漸漸明白祂究竟發生了什麼事，原來那亡夫是去南洋跑船時遇上海盜，最後受虐而死。祂訴說祂在南洋的遭遇，說祂的船如何被劫，人被綁走為奴，受盡凌虐，死後遭棄大海，受萬魚啃咬，死無全屍，那描述的過程非常詳細，聽得現場眾人心酸難過，小卿更是哭得哀傷悽慘，不斷

---

1 顧粿大將軍：古時蒸粿用木材做燃料，須注意材火、水和時間，所以要「顧粿」。過去粿又被暗指女性，顧粿大將軍則是指男性過度看顧女性，有重色輕友之意，是較粗俗的說法。

念道亡夫可憐，與亡夫相擁而泣。

那曹仔在一旁看著，看著自己的妻子與已故前夫說話，而那說的都是台語，他自然是聽不太懂，但見自己的妻子對前夫的思念化作眼淚，兩人還相擁而泣，竟是聽著聽著就吃醋了，突然氣噗噗的就跟法師吵了起來。

曹仔平常脾氣極好，眾人沒想到他會突然發作，竟吃起了死人醋，把那陰森可怖的現場弄得混亂不堪，氣氛全失。

小卿見狀，是哭笑不得，此一事也惹得眾人啼笑皆非，成了新宮口的趣談。

長髮

雖然那不是我的年代，但早年純樸且步調緩慢的鹿港，在茶桌上也是讓那些喝茶的長輩們給拼湊得七七八八了。

那個年代我沒有經歷過，但一些故事卻也是聽得耳熟能詳，例如鹿港，是曾有駐兵的這一件事。

當時的鹿港許多地方都有駐兵，例如鄰近現在體育場、老人會一帶，又文武廟後面一帶，在菜市場電台一帶，小小一區鹿港可說駐兵甚多，當年甚至還有戰車營，看得到戰車。

在菜市場也看得到那些放假出營的阿兵哥，就連當年鹿港的電影院，亞洲戲院、興南戲院、樂觀園等，都常能見到他們的影子，可以說鹿港到處都看得到兵。

而當過兵的都知道，哪個兵營不傳鬼故事？

甚至一些人還說他親眼見過，差別就只是那些故事傳得真不真，玄不玄而已。

而鹿港現在早已無駐兵，那些個鬼故事也少有跟著流傳下來的，倒是其中一則，在茶桌上傳過。

那是鹿港電台一區，營地的故事。

鹿港的電台其實也算是有特色的，相傳是改建日本時代的鹿港飛行場，以美軍冷戰時期特殊軍事技術設計建造，用以對中國華南地區進行廣播，具有高度冷戰時期軍事建築特色，是全台罕見的設施。自民國五十八年完工後便有駐兵，有著自己的護城河，圍牆還設有憲兵崗哨，當年有駐兵時甚至還規定了大門前的那條路，民眾不得逗留閒晃，欲通過需盡速，整個神祕而有威嚴。

當年的一些青年調皮，常呼朋引伴騎著車在電台前面來來去去，呼嘯而過，惹得那些憲兵出來罵人，我父親便是當年那些調皮青年中的一人。

見那些憲兵追又追不到，只能氣得大聲吼罵，那些青年就開心了，但那些青年只是調皮，又騎著車，憲兵們追不上，除了吼罵兩句，也真是拿他們沒轍。

這些趣事到現在都還有許多鹿港人談笑著。

也許就是因為電台那區的駐兵最晚撤走，所以就連那些玄異的故事也離我們近，能被人傳下來。

當年還沒有網路，故事自然不會是在網路上傳開的，電視節目也有著管制，更是不會從電視上傳出軍營的事，能傳開這種事的，只能是菜市場了。

雖說傳的也就那一小眾人，但最後也算是傳開了。

傳說鹿港電台今駐地，是當年日軍的鹿港飛行場。飛行場也沒什麼，卻是於民國三十四年，西元一九四五年三月十三日，被二戰時的盟軍給轟炸過，轟炸範圍甚廣，除飛行場外，崎仔腳、宮后、城隍廟、媽祖廟等地都遭受波及，幾乎是鹿港最熱鬧的黃金地帶都在轟炸範圍內，居民死傷慘重。

許是這一原因，自建那電台並駐兵後，便時常傳出阿兵哥見到那穿著日軍軍裝的鬼影出沒，那衣衫襤褸，明顯不像活人的日軍在夜裡行軍操練，這些阿兵哥見了心裡害怕，卻也只能當作沒有看見。

這一事只是傳說，許多鹿港早已耳聞多年，卻是一日在茶桌上，由一個電台副台長的口中得到證實。

只是他說的，卻又更詭異了。

他姓陳，熟識他的人都叫他陳仔，他老家在鹿港，過去卻都不在鹿港工作，是到老了，才調來鹿港當這副台長。他的資歷很深，但官途並不順遂，在他上面的那個台長，還要小他幾輪，他自覺升台長是無望了，因為再做幾年就要退休了，甚至調回鹿港當這副台長都算是個人情，是熟識的長官念他一輩子在電台勞苦，才有這份機緣。

但他官運不亨通，幾個熟識的人大概也都能看出原因。因為他是個膽小怕事的人，又不通人情事故，不懂攀附結交，在官場，沒有人脈又因為怕事展現不出能力，表現出來只是穩妥中庸，這要如何往上爬？

能在退休前做到副台長，真的算是祖上燒高香了。

他這個副台長也是閒得很，幾乎沒有權力，算是被架空了，所以他常在茶桌上出現，說聊一些當年的事，說聊一些見聞。

其實說來也是奇怪，他官場不得志，卻沒見他有無奈不甘，反而有些怡然自得。

大家以為他真的達觀看得開，卻是一次問他，才知不是這麼回事。

雖然他權力被架空了，升官無望，但他也剛好不愛去那電台上班，能不去，他還真感到開心了。

因為他說那電台不乾淨。

他剛調來那幾年，電台還有憲兵在，大門常常進出，幾個憲兵也還算熟面孔，下崗了有機會他們也會閒聊個幾句。

所以一些電台發生的事情他也是有所聽聞。

那個憲兵說，這個地方，鬧最凶的，從來不是那些日軍，而是一個女孩。

那些日軍出現，也從來只是自顧操練，在那遠處，也不擾你，不理你，對人的影響實在不大，但那女孩就不同了。

那個憲兵初見那女孩時，是一日夜哨，那時他還是一個菜鳥，站夜哨站得昏昏欲睡。突然他的手被一撩撥，像被長髮擦過，而那長髮是溼的，隨即整個人都清醒了，他是有女友的，自然知道長髮觸碰了手的感覺，他四下張望，卻是什麼都沒見著，他看了看自己的手。

上頭竟然是溼的。

他不以為意，只當是自己的錯覺。

又一日，他再站夜哨，他來交接時站哨的是一個學長。他看著那個學長卻是愣了一下，因為他看見學長身旁那護欄，上頭坐著一個身穿灰衣灰褲，渾身溼答答的小女孩，那女孩有著一席及臀的長髮，她坐在牆頭上，正晃著腳嘻笑著。

見那一幕他是整張臉都白了，什麼也不敢說，是抖著身子跟學長交接的，也是抖著站完那哨的。

他說，那一夜，那女孩都坐在他身後，時不時的發出嘻嘻的笑聲。

翌日他跟學長說起這事，學長才道，他不是第一個見到那女孩的人。

他問為什麼那女孩渾身是溼的？

學長說，因為那女孩在護城河底。

陳仔聽了那憲兵說這事也是害怕，但這些都是他們憲兵站哨的這邊才會發生的事，他辦公室在裡面，也不會在電台待那麼晚，雖然心裡有些毛，但也只是聽過就算了。

雖說想聽過就算了，但怎麼可能就這樣算了？自己總會不自覺地去想，好在他辦公室離得遠，鬧也不會鬧到他那邊去，他也是有個心理安慰。

是一次他在自己辦公室裡，意外待得晚了，也不是他事忙，就是他不小心睡著，醒來時都晚上十點多了。

他趴睡得手麻，又口乾舌燥，隨手抓起桌上水杯，喝了一口水。

卻是覺得有什麼沾在自己嘴裡，像是團毛，惹得他呸呸呸的亂吐一通，才把那東西給吐出來，他把那東西一拉。

竟是一根一臂長的頭髮。

他驚了一跳，瞬間起了一身的雞皮疙瘩，這辦公室只有他一人，哪裡來的這麼長的頭髮跑進他的水杯？

隨即他就想起了那個憲兵告訴他的故事，但他也不敢多想，草草收拾，就離開了。

是到停車場，他要去開他那輛裕隆小轎車車門時，他覺得自己的手被一席長髮抹過，而且是溼的。

他嚇得收回手，他的手還滴著水，突然又聽見一聲嘻嘻笑聲，他被嚇得臉都青了，四處張望，卻是什麼也沒看到。

他嚷嚷著見鬼，跑去叫夜哨的憲兵來看，那憲兵陪他回來停車場看看，卻也是什麼都沒有找到。

自那之後，他便不愛留在那辦公室，甚至不愛去電台上班，能在外面晃，他就在外面晃了。

西濱

近年鹿港觀光盛行，設立為國家歷史風景區，頗受遊客青睞，說來繁華熱鬧，但其實本質依舊只是個小鎮，是個鄉下地方，夜裡的娛樂活動依舊匱乏。

晚上過了十點，許多地方都是黑著的，就剩三兩夜裡散步運動的人，真能找到什麼娛樂，大概就是鹿港臨海近，一些人會在夜裡去海邊釣魚。

但鹿港的海濱從來就不平靜。

許是因為鹿港一直有那習俗，那個古老的送煞習俗，送肉粽。

自古以來，鎮內那些上吊而死的怨煞，都是送往海邊的。

記得好久以前茶桌上出現的，一個早已經退休的老乩童，大家都叫他慶治仔師。那時他說，那彰濱沿海一帶，許多都是新填出來的陸地，是海也是陸，而且幾乎沒有人居住，罕有信仰的痕跡，是媽祖婆不顧、土地公不管之地，肉粽一股腦兒往那裡送，早晚是要出事的，所以要大家晚上沒事不要到那裡去。

其實彰濱工業區的填海工程從一九七九年開始施工，到一九九五年第一家公司開始營業，到現在也少說有三、四十年，而且一些工廠也有蓋自己的廟，更有那如今早已聞名的大廟——玻璃媽祖廟在，要說媽祖婆不顧、土地公不管，實也不盡然。

只是那一條送煞常走的路，西濱公路某段，時常傳出那些怪異之事，總令人不禁想起那老乩童慶治仔師所說的那一番話。

「媽祖婆不顧、土地公不管。」

甚至小鎮傳說，當年蓋那玻璃媽祖廟時，也是困難不斷、怪事頻傳，能蓋好可以說是歷經千辛萬苦。

我的弟弟，也不知從何時起，就迷上了夜晚去海濱釣魚這一活動。

他總興奮的跟友人研究著釣點、餌料配方等魚經。

看好了漲退潮時間，就與友人相邀，在夜晚去釣魚，要釣到凌晨兩、三點才肯收拾回家。

在那西濱公路，沿著海堤的釣友不算少，夜晚那邊沿路也沒燈，每走個一、兩百公尺，就能看到三兩釣友垂著釣竿，在等魚上鉤。

弟弟也偶爾會與那些陌生釣友交流魚經，聊聊魚餌料、聊聊浮標、聊聊魚竿、聊聊釣點。而釣魚時除了魚兒上鉤的那一剎那，大多時都是沉悶寂寞的，能有人說上兩句話，也是不錯，因此他們也總樂意跟你分享。

一些老一輩的，有時候話多，聊的也不只是魚經，話題範圍甚廣，講他當年當兵有多勇猛，說手榴彈早上八點丟，中午才掉下來；講他年輕時在社會上漂泊、跟人盤撋[1]時有多瀟灑厲害，說當年他拿把刀跟人車拼，從鹿港砍到南港，又從南港砍到東港，砍了三天三夜一眼都沒眨過；甚至還講去了今早菜市場的菜價、誰家媳婦長得漂亮，話題也還算是貫穿古今、繁雜多變。

弟弟跟他一個也住彰化的大學同學，兩人常去釣魚，也總跟那些釣友有一搭沒一搭的聊著。

是有一次，他們倆開著車，一人一輛，一前一後，是釣完要回程了。

手機連著車上喇叭藍牙，通著電話擴音聊天，夜裡的開車就不無聊。

聊著聊著，訊號是愈來愈差，話音斷斷續續，喇叭傳出了許多雜音，是有人細碎的嬉鬧哄笑、呢喃談話，有吼叫、有哭聲、有喘息，甚至有些瑣碎的樂音。弟弟一邊講著，心裡是愈來愈覺得奇怪，這種干擾不同一般，自己的話是愈來愈少，反而是專注地聽著。

但他愈聽愈毛，就想把電話通話給切了，看要不要再重打一通。

結果看向手機，那通話卻是不知早在何時就已經斷了。

所以這些雜音並不是來自電話。

持續了好一段，那些聲音依舊從喇叭中傳來。

他又檢查了音響，那電台也沒開，那這些聲音傳自哪裡？

他把車上的音響電台開了又關，關了又開，把聲音切大切小，做了無數嘗試，但那些聲音卻是絲毫不受影響。

弟弟車愈開愈毛，只好打燈靠邊停下。

見弟弟的車停下，跟在後面的那位同學的車也跟著靠邊停下，兩人下車，互相看去，臉都同樣有些白。

一說，才知道，原來對方也遇到相同的事情，兩輛車，兩個人，都同時聽見了奇怪的聲音。

兩人看了看四周，覺得陰森古怪，不管不顧，就馬上上車快速離去。

在那之後，他們一日與某釣友聊到這段經歷，才知道原來西濱公路這段路發生的事情不少。

---

1 盤撋：意指人與人的交際往來。

也有許多的禁忌在。

撞見怪異之事的人並不少，有人聽見、有人看見，那些詭異傳聞時有所聞。

在那海邊混的，在那海邊討生活的，一年總要弄丟幾個人。有先例在，夜深人靜時，在那邊釣魚更是增添了一種異樣的詭譎。

最令人恐懼的還不是那音響內傳來的雜音，或偶爾開車看見的，無法解釋的身影，而是某一個老釣友說的故事。

說數年前，他認識一個釣友，叫小李，他們總一起找釣點，一起釣魚。一日他感冒了，在家休息就沒有陪小李去釣魚。

那天是小李自己去的。

過幾日後，自己好點了，要再約小李去夜釣，小李卻是千推萬託，死活不去，還說以後都不去釣魚了。

那老釣客納悶，是細問之下才知道，原來小李是那日獨自去釣魚時被嚇的。

他說也是那天他才知道，那濱海的釣客有兩種，不是一種釣魚要拿去販賣的、一種釣興趣的，而是一種叫釣客，一種叫吊客。

小李那天去夜釣時遇上了搭訕，是位素衣女子，脖子上繫著、垂著一條麻繩，她走近小李身邊，輕聲問道：「鹿港按怎走？」（鹿港怎麼去？）

池塘

鹿港過去曾經興過鰻魚養殖，從奶奶的回憶中所述，在她十七、八幾歲當鹽工時曾積攢一點存款，當年她的友人家族也跟著做了鰻魚池的行當，友人缺資金，奶奶也跟著投資了一些，拿了存款，就佔了一小股，因此小賺了一筆。這事兒每次茶敘，奶奶說起往事時總時不時的都會說起。

所以鹿港過去一直有大大小小的池子，這件事情我算是自小就知道的。近年隨著鹿港的觀光發展，倒是填了不少，或該說幾乎都填掉了，只剩鹿港近郊或許還看得到一些。

是記得一次，我翻閱鎮史，翻到鹿港古地圖，發現地圖上到處遍佈著一些不大不小的不規則形圓圈，幾乎是沿著五福大街，也就是現今中山路的左右兩旁分佈；我又翻了不同年代的地圖，發現那些圈是逐代減少著，後來細一究才知道那些並不是鰻魚池或其他養殖池，那些只是天然形成的池塘、或者說是溼地。

而形成的原因是鹿港過去臨港，常年不斷向外淤積，造成鹿港市中心較低窪的地形，所以一直都有水患的問題，那些池塘應該就是常年積成的。從現在走那後車巷要爬坡就能發現，中山路的地勢特別的高，那是因為早在鹿港開始規劃建鎮時，就有計畫的在墊高鹿港的中央精華地區，中間高了，水自然向兩旁積去，所以那些池塘才會沿著中山路分佈。

而那些池塘的消失其實也就只是近代的事情而已，尚不久遠，自我會記事，親眼看過的就還有兩三個。

之所以記得，是因為兒時父親偶爾會帶我去釣魚。

那不是我喜歡的活動，也許有其他的孩子喜歡，但那不會是我，我那時只覺得釣魚又曬又要靜坐著等魚上鉤，是件很枯燥辛苦的事。更何況那裡除了熱之外，還潮溼、多蚊蟲，我更寧願在四周跑跳，那些被帶去的孩子大概都跟我有一樣的想法。

那些池塘不大，魚也不多，有人釣魚，但也不算多，但同個時段三、五個還是有的。

幾個孩子在一旁聚在一起玩，自然會天南地北的亂聊，而孩子們最常會說起一些都市傳說，或難以解釋的事情。

在池塘邊說的，自然是水鬼。

其中一個皮膚較黑的孩子神氣的說道：「阮兜是宮廟，聽過的比恁濟，恁毋知鹿港過去尚歹、尚麻煩的毋是肉粽，是疫鬼共水鬼，其中水鬼尚恐怖，一年愛害幾若人。」（我家是宮廟，聽過的比你們都多，你們不知道鹿港過去最凶、最麻煩的不是肉粽，是疫鬼跟水鬼，其中水鬼最恐怖，一年要害好幾人。）

另一個孩子說道：「毋是疫鬼較厲害嗎？一次攏害幾若百、幾若千人？」（不是疫鬼比較厲害嗎？一次都害幾百、幾千人？）

那黑皮膚的孩子鼻子哼了一聲，說道：「汝知啥？疫鬼幾若十年、幾若百年才出一次，水鬼是逐年、逐月日攏有，佇逐家身邊的，才是尚恐怖的，無的確咱後面的池仔裡就有水鬼。」（你知道什麼？疫鬼幾十年、幾百年才出現一次，水鬼是每年每月每日都有的，在大家身邊的才是最恐怖的，說不定我們身後的池塘裡就有水鬼。）

那孩子正說著，他身後的池塘裡，也不知是草魚、烏鰡還是吳郭魚，就一條黑乎乎的尾巴翻上水面啪了一聲，濺起了無數水花。

這一下倒是把那驕傲的孩子給嚇愣了一下，但其實池塘裡的魚本就多，時不時都有魚會上來拍個水花。只是那孩子才說起水鬼，就應景來個水花，把一眾小孩都給嚇愣了一下。

隨即是一個大人注意到這邊的情況，大聲說道：「囡仔人烏白講啥！」（小孩子亂說什麼！）

這一吼，那個孩子便大哭了起來，而其他的孩子則是一哄而散，其中還有我。

回家後，我也對水鬼的話題有了興趣，便問起了大人，父親只道：「囡仔人莫烏白亂問。」（小孩子不要亂問。）

卻是奶奶說道：「哈，往擺捌聽過。」（是啊，以前有聽過。）

說著便道起了鹿港曾有過的水鬼傳說。

鹿港古時候是臨著港的，臨著海，水鬼傳說自然不會少了，甚至還聽聞過水怪、水精，只是隨著泥沙淤積出去，水池漸少、海岸漸遠，那些傳說也跟著消失了。

倒是鹿港這些留下的池子還有一些水鬼的傳說。

奶奶說她聽過的，關於水鬼的故事有兩件，一是古早時民俗文物館前公館池鬧過水鬼的事件，那時還是牛墟頭景靈宮辦了法事捉水鬼才平息了風波。

而另一件就離奶奶近了些，那是她年輕時，她的朋友大腳英的故事……。

那是她還當鹽工時的事情，那時候的鹽埕有水車，鹽工每早都得踩水車，引海水入池，好曬鹽。

那時天剛要亮，大腳英就正要去踩水車。她在那引水渠旁見到一個身影，起初她以為那身影是個孩童，因為對方身高只有三尺左右，才正要去搭問是哪來的孩子怎麼跑到這？但對方看一到她，似嚇了一跳，轉身噗通一聲就跳進水渠裡。這一跳大腳英也是嚇了一跳，急著就喊人要去救人，那時附近的人不多，僅喊來三五人，但那三五人湊過來在水渠撈了半天也沒發現什麼小孩，而且大鬧沒開，也不可能是被沖走。

當下大腳英也是被嚇傻了，根本沒有細想，是後來跟奶奶聊起，她才回想起來，那「孩子」比常人要瘦，身上掛滿不知道是布條還是繩索，或者根本是水草的東西，那時天還沒全亮，黑糊糊的她也看不清，但是那「孩子」的眼睛看她時，發著光。

是老一輩的人聽了她的描述，才道，那根本就不是人，他們告訴她，她看到的大概是水精。

國家圖書館出版品預行編目資料

茶桌異聞：從送肉粽到紅眠床34則鹿港怪談紀實／殺豬的牛二著. -- 初版. -- 臺北市：臺灣東販股份有限公司, 2021.08
212面；14.7×21公分
ISBN 978-626-304-742-6（平裝）

1.人文地理 2.俗民文化 3.彰化縣鹿港鎮

733.9/121.9/143.4　　110010415

茶桌異聞

從送肉粽到紅眠床34則鹿港怪談紀實

2021年 8 月 1 日初版第一刷發行
2021年11月15日初版第二刷發行

作　　者　殺豬的牛二
編　　輯　劉皓如
封面設計　水青子
發 行 人　南部裕
發 行 所　台灣東販股份有限公司
＜地址＞台北市南京東路4段130號2F-1
＜電話＞（02）2577-8878
＜傳真＞（02）2577-8896
＜網址＞http：//www.tohan.com.tw
郵撥帳號　1405049-4
法律顧問　蕭雄淋律師
總 經 銷　聯合發行股份有限公司
＜電話＞（02）2917-8022